人形メディア学講義

An Introduction to Studies of Ningyo-Media

菊地浩平

2018年2月、和歌山県八立稲神社にて撮影。講義の初回では必ず人形供養を取り上げている。涙ながらに別れを惜しむ人たちが見つめるなか、燃料をジャブジャブかけられ点火。またたく間に人形たちは炎に包まれ、やがて灰と化す。このあっけないスピード感に人形の儚さを感じつつ、ごみとして廃棄するのではなく供養することの意味やその特別さについて、皆で考えることから講義は始まっていく。

橋本ルル。本書の表紙をお願いした。仮面と球体関節ストッキングを着用した彼女は、着ぐるみの亜種のよう。しかし話を聞けば、ダンサーやモデル等、その目的に応じて中の人は入替可能で、ひとつの決められたキャラクターを演じることは目指されていないらしい。そうなると、衣装やメイクの一種と呼んだ方が適切かもしれず、そもそもそうしたカテゴライズから浮遊可能な点に独自性がある気もして、実に悩ましく、興味は尽きない。

人形メディア学講義

目次

装丁
中島三徳（M graphics inc.）
カバー写真
モデル　橋本ルル
photo by manimanium

はじめに

どこまで人形か

《人間あるところに人形あり、人形あるところに人間あり》

わたしの講義初回はこんな格言めいた／ばかげた宣言から始まる。開講初年度は百名程度だった受講者が、現在では四百名弱を抱えることも珍しくなくなったし、幸運なことに熱心な学生にもたくさん出会ってきた。それでも講義が始まってからしばらくは、彼らのほとんどが面食らった顔をしている。

無理もない。人形について真剣に考えたことのある者などそういるはずもない。しかし同時に、果てなき人形の世界に彼らをいざなうチャンスが今期も訪れたと教壇でほくそ笑むわたしがいる。

そもそも人形とは何か。実はかなりずるい日本語である。

例えば英語では、手袋状の布に手を入れて遣うものを puppet、糸で操るものを marionette、着せ替えたり飾ったりするものを doll、ぬいぐるみを stuffed toy、機械仕掛けのものを automaton や robot、仏像や銅像を statue、着ぐるみは suit などと際限なく言い分けられているが、日本語ではどれも《人形》と呼び得る。

ヒトガタとも読むように、古来から人間はひとのかたちをした人形に様々な祈りや意味を込めてきた。五穀豊穣や子孫繁栄、死者を弔う際の副葬品だったことも、又それ自体が信仰や祈りの対象であることもあった。一方で偶像崇拝を強く禁止するコミュニティもある。いずれにせよ単なるモノとは異なり、われわれ人類の歩みを知るうえでは欠かすことのできない存在が人形（ヒトガタ）である。まさに、《人間あるところに人形あり》である。

その一方で、人形の意味する範囲を広げて考えたい欲望にも駆られてしまう。スマートフォンなどに搭載されている音声認識ソフトやＡＩ、ロボット掃除機のルンバはどうだろう。試しに、わたしの部屋にあるＤＶＤ／ＶＨＳを並べた棚に目をやっても『ラバー』(*Rubber*) というフランス映画は黒いタイヤが主人公だし、トビー・フーパー (Tobe Hooper) 監督、スティーブン・キング (Stephen King) 原作の『マングラー』(*The Mangler*)（九五）ではクリーニング工場のプレス機、『アタック・オブ・ザ・キラートマト』(*Attack of the Killer Tomatoes!*)（九七）ではトマト、『リフレジレイター　人喰い冷蔵庫』(*Refrigerator*)（九二）ではどこの家庭にもある冷蔵庫が世にもおそろしい殺人鬼と化す。

ここで登場する彼らはおおよそ《ひとのかたち》をしていない。だが《ひとのかたち》をしたいわゆる《人形》と彼らは何が違うのだろうか。スマホやＡＩに話しかけ《会話》を楽しむ学生や知り合いはいくらでもいるし、わたしの祖父は生前、ルンバに「働き者だね」と話しかけていた（Youtubeで「Roomba friend」などと検索すれば、世界中に祖父の同志がいることがわかるはずだ）。

図版引用1　ＤＶＤ『ラバー』ジャケット（監督クエンティン・デュピュー）２０１２年発売
販売元　トップ・マーシャル
映画冒頭の、タイヤがこの世に生を受け砂漠地帯をころころと転がって成長する姿のかわいさくらいしか見どころはない本作を、講義の、しかも初回で見せているのはわたしくらいではなかろうか。

前述した『ラバー』に登場するタイヤは、冒頭はよちよち歩き（転がり？）で移動もままならない。そんなタイヤに思わず「かわいい」とか「がんばれ」と声をかけたくなるし、徐々にコツをつかみ音楽にのせて優雅に疾走するようになると思わず嬉しくなってしまう（その後タイヤは念能力を身につけて殺戮マシーンと化すがそれはまた別の話）。そのようにして他ならぬわれわれが、彼らを《人形》にしてしまう事例はいくらでもあるのではないか。いわば《人形あるところに人間あり》である。

ここからひとつの仮説が導き出される。それは、どこかの誰かがほんの束の間でも単なるモノとは異なるなにかを見出す瞬間、ひとのかたちをしていようといまいとそこには《人形》が生まれ得るのではないか、というものだ。更に自分には単なるモノにしか思えないような存在が、どこかの誰かにとってモノとは異なる、もしかしたらモノ以上の存在である可能性は決して否定

できない。

　では人形と呼べぬものなどあるか……いや、ないだろう。

　そこから《人間あるところに人形あり。人形あるところに人間あり》という冒頭の宣言が生まれるのである。

　こんなばかげた宣言で始まる初回の講義では、多くの学生が面食らっているように見えても、感想や意見等を募るコメントシートに多くの興味深いリアクションが寄せられる。

　幼少時からずっと大切にしている、または大切な人からもらったぬいぐるみやドールとの絆について切々と語る者もいれば、《人形》がなんであるかについての（それは帽子や茶碗、ペット、消しゴム、ポケットティッシュ果てはドアノブであったりするわけだが）、熱のこもった報告をする者もいる。

　大人数の講義になればなるほど教室は広くなり、受講者との物理的／精神的距離は大きくなる。すると虚空に向かって声を響かせているような、むなしい気持ちになることも少なくない。だがこうしたコメントシートは、受講者それぞれが確かにわたしの講義に居合わせ人形について思考を巡らせた貴重な痕跡に他ならない。

　次の講義の冒頭で早速、興味深かったコメントをいくつか紹介すると、そのコメントに対するコメントが寄せられる。そのコメントのコメントに対するコメント……と、そうしたことを繰り返すうちにわたしも人形というものがどんどんわからなくなっていった。しかし漠然とだが、こうした思考の先に人形やその文化をとらえるヒントが潜んでいるかもという予感もある。そうしたわけで、わたしの講義では人形と関係していれば何であれ取り上げ、受講者と共にあれこれ考えてみるというアプローチをとってきた。

こうしたスタンスには、わたしが大学学部時代に読んだ一冊の本も影響しているはずだ。それは、本書で光栄にも対談の機会を設けることが叶った日本女子大学名誉教授 増淵宗一先生による『人形と情念』（八二）である。人形に関する先行研究といえば、人形劇や伝統的な人形細工及びその歴史についてのものが数多い。しかし、人形文化のかなり広範を対象としてそれを多角的に検討した著作では『人形と情念』が先駆である。なかでも、次の一節は人形をテーマとした講義を立ち上げるにあたり道しるべとなった。

> 人形は、現代においても、依然、我々と共に歩んでいるのである。それどころか現代という時代は、もっとも人形を求め、もっとも人形を必要としているのではないだろうか。（増淵 1982, 21）

『人形と情念』が八二年に刊行されていることを考えれば、当然ここで言及されている「現代」は三十年以上も前に他ならない。だが「もっとも人形を求め、もっとも人形を必要としている」時代は、いまもなお続いているように思う（その根拠は本書の各論でご確認いただきたい）。そんな先人の仕事を引き継ぎつつ、人形文化に親しみながら学術的にアプローチする方法を模索する中で出来ていったのが、早稲田大学文化構想学部表象・メディア論系でわたしが担当したふたつの講義、「人形メディア学概論」と「人形とホラー」であった。

人形メディア学とはなにか

このふたつの講義は「人形メディア学」という、人形文化への今日的アプローチを模索するための二本の柱でもある。ここでいうメディアとは、一方から他方へ情報を伝達する媒介という狭義のものではなく、マーシャル・マクルーハン（Marshall McLuhan）が『メディア論――人間の拡張の諸相』（*Understanding Media: the Extensions of Man*）において提起した広義のものを指す。マクルーハンは、人間の作り出すあらゆるものがメディアであり、媒介される内容だけでなくメディアそれ自体を分析することの必要性を訴えた。なぜならメディアとは人間身体の拡張／延長／外化であり、それ故に無色透明な媒介であることはあり得ず、あらゆる主観と紐付くことを宿命づけられた存在であるからだ。

そして、いうまでもなく人形もまたメディアに他ならない（いやメディアこそが人形だというべきかもしれない）。ここではマーク・ニクソン（Mark Nixon）による写真集『愛されすぎたぬいぐるみたち』（*Much Loved*）を例にしてみよう。

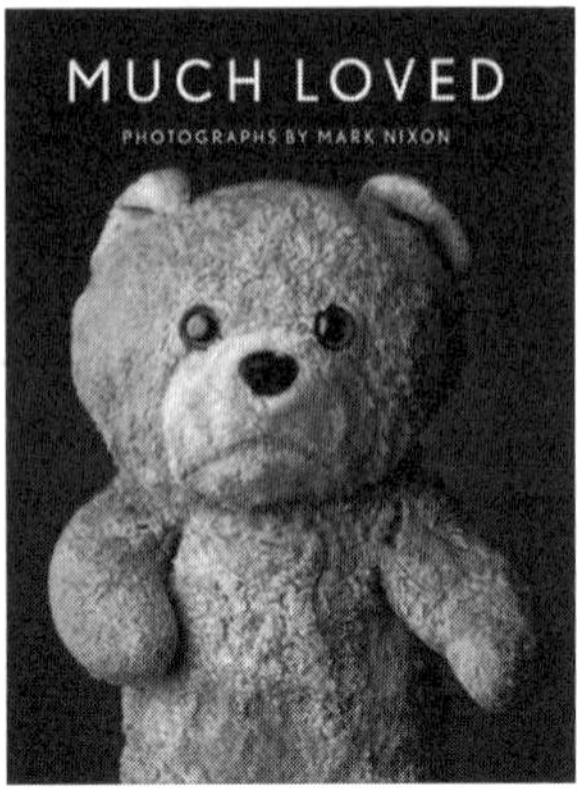

図版引用２　写真集 *Much Loved* 表紙　２０１３年刊
発行元 Harry N. Abrams
掲載されている人形のからだがそれぞれに傷ついており、こちらをじっと見つめてくるので読者に訴えかけてくるものは小さくない。

この写真集では、世界中の様々な持ち主に「愛されすぎた」結果、ほつれたり身体の一部が欠損したぬいぐるみが多数紹介されている。写真の傍らには、ぬいぐるみの持ち主やその関係者によるコメントが掲載され、「自分の幼いころを思い出さずにはいられない」作品集だという。

しかし、そのあまりの「愛され」の強烈さや、持ち主が既に逝去し、ぬいぐるみが家族にとって故人の代わりとなっている事実や、それを伝えるコメントの熱量に、たじろぐ人もいるだろう。またボロボロになったぬいぐるみたちの写真そのものに恐怖を覚え、目をそむけたくなる人がいても不思議はない（学生の中には遺体写真集のようだといった者もいた。わかる気がする）。かわいい、おそろしい、神々しい……人形とは、このぬいぐるみたちのように、あらゆる主観的解釈を引き受ける不透明なメディアなのだ。

であるならば、可能な限り客観的に作品や事象における人形について多角的に検討することで、そこについて回るわれわれ人間のことをもやがて射程にとらえることができるはずだ。そこで、多様で広範に及ぶ人形文化に分け入る手段のひとつとして、様々な作品や事象における人形を吟味し、そのことを通じてわれわれについても考えようとする営みを、わたしは人形メディア学と呼びたい。

本書の構成

この人形メディア学のささやかな最初の成果といえる本書では、講義の中から親しみやすい題材や作品を扱った回を中心に選び、その内容を収録した。大学生はもちろんだが、人形やその文化にわずかでも関心をお持ちの皆さんに手に取っていただければ幸いである。

各部、各章における議論は緩やかにつながっており、全体としてそれなりの一貫性を持たせたつもりだが、書かれた時期はバラバラで、学術論文がベースとなっている箇所も少なくない。極力平易な表現を使い専門的な用語や概念を用いずに説明する（必要な場合は解説を加える）ことを心がけたものの、講義のように大量の映像や図版、自前の人形などを利用出来ないため、難解な箇所もあるかもしれない。その場合は、題材に興味を持てそうな章からお読みいただくことをお勧めする。

本書は四部構成で、その合間に特別対談を二編収録した。内容を簡単に紹介しておこう。

第一部「二重に生きる人形たち」では、本書の導入として、生きているように見えながら単なるモノでもあるという、人形の基本的でありながら極めて重要な二重性に着目していく。

第一章「『トイ・ストーリー』のオモチャたちはなぜ見られてはいけないのか」では、ピクサーの代表的3DCGアニメーション作品である『トイ・ストーリー』（*Toy Story*）シリーズを取り上げ、《オモチャが人間に見られてはいけない》という作中を通じて貫かれるルールについて再検討する。キャラクターたちのキャッチーな見た目とは裏腹に、作中に《死》のイメージが横溢していること、それでいて人間とオモチャの人形の《生》のあり方についても問い直す作品であることを明らかにする。

第二章「あなどるなかれ人形劇」では、サミュエル・フット（Samuel Foote）の特異な人形劇を中心に取り上げる。フットはほとんど顧みられていない十八世紀英国を代表する喜劇作家／俳優だが、等身大人形を用いた独特の人形表現や、晩年義足であった彼の身体性と作品の結びつきは決して見逃すことのできないものであるため、その今日的意義などを明らかにする。

第二部「着ぐるみから超人形へ」では、人形と人間を組み合わせることでそのいずれとも異なる身体性を獲得することを目指す、着ぐるみと超人形という一見かけ離れた事象を取り上げ、その関連を探っていく。

第三章「着ぐるみ身体論序説」では、一九五四年に発表された映画『ゴジラ』を取り上げる。『ゴジラ』は今日まで、新たな関係者の証言が発掘されるなど広く関心を集めてきた。その一方で、着ぐるみや人形を中心に据えた論考はあまり多くない。そこで作中で着ぐるみやギニョールと呼ばれる人形が使用されていた事実に着目しながら、怪獣特撮映画の元祖とも呼ばれる本作における人形の役割を明らかにする。

第四章「超人形ってなんだろう」では、二〇世紀初頭の英国を代表する演劇人のひとりエドワード・ゴードン・クレイグ（Edward Gordon Craig）の「超人形」（Über-Marionette）と呼ばれる謎多き概念を取り上げ、彼が目指した理想の演劇に迫る。クレイグは「俳優と超人形」（The Actor and the Über-Marionette）という演劇論を発表し、劇壇に衝撃を与えたが、実際に上演出来た作品がほとんどなく、実現不可能な演劇を志向した人物として批判が多い。そこで彼の超人形についての議論や未発表資料の内容を整理しつつ、それを今日取り上げることの意義などについて検討する。

第三部「人形愛のずっと手前、もしくはその傍ら」では、いわゆる「人形愛」の《変奏》として、身近な人形とわれわれのあいだにある、《愛》と呼ぶにはあまりにささやかな関係について取り上げ考えていく。

第五章「もてあます、人形へのその愛」では、『ラースと、その彼女』（*Lars and the Real Girl*）と『くまのプーさん』（*Winnie-the-Pooh*）を取り上げる。そもそも「人形愛」という用語は仏文学者の澁澤龍彦が Pygmalionism にあてた訳語である。本章では澁澤が目を向けなかったような題材における人形と人間の関係を取り上げ、人形への《愛》の可能性について改めて考える。

第六章「リカちゃんはなぜ太らないのか」では、リカちゃん人形を取り上げる。バービー人形などと比較すると一目瞭然だが、リカちゃんは五〇年の歴史のなかで体型がほとんど変わってこなかった。そこで本章ではバービーやジェニーなどと比較しながら、リカちゃんが担ってきた文化史的役割とユーザーとの関係性について検討する。

第四部「人形とホラー事始め」では、安易に結び付けられがちな人形《と》ホラーの関係について、ホラー映画やいわゆる子ども向け作品を題材に改めて考えていく。

第七章「なぜ人形とホラーか」では、わら人形や『チャイルド・プレイ』（*Child's Play*）、テレビアニメ版『クレヨンしんちゃん』の通称「殴られウサギ」シリーズを取り上げる。今日、人形を即恐怖と結びつける風潮があるが、そもそもなぜ人形は怖いのか、時に怖くないのかを改めて検討してみる。

第八章「最強ホラーとしてのアンパンマン」では、映画『それいけ！アンパンマン いのちの星のドーリィ』を取り上げる。本作はたった五十分に様々な要素が詰め込まれた稀代の傑作映画なのだが、実はホラー作品として再解釈し得るということを、原作者やなせたかしによる童話版『怪傑アンパンマン』や、カルロ・コッローディ（Carlo Collodi）の『ピノッキオの冒険』（*Le Avventure di Pinocchio*）などを手掛かりに明らかにする。

また、前述した日本女子大学名誉教授の増淵宗一先生とプロレスラーのスーパー・ササダンゴ・マシン氏との特別対談も収録した。どういう経緯で両者との対談実現にいたったのかについてはそれぞれの冒頭に記してあるのでそちらを参照していただきたい。いま最もお話を伺いたい方々と貴重な機会を設けることができて光栄だった。突然の依頼を快く引き受けてくださったお二人には改めて感謝申し上げる。

なお表紙の写真は、ドールスーツアーティストとして活躍されている橋本ルル氏にお願いした。十八年一月の講義に、クリエイターのhitomi komaki氏と共にゲストとして来ていただいたのだが、四〇〇人弱収容の教室で立ち見が出るほど盛況だったことは記憶に新しい。橋本ルルはモデルやダンサーなどその時の役割に応じて、いわゆる《中の人》が入れ替え可能であると公言されていて、その時々に応じての彼女像が垣間見られる点が特徴的だ。彼女が歴史的に、また今日においてどんな意義を持つのかは、また別の機会に考えてみたいと思っているが、本書でも扱っている着ぐるみやリカちゃん論などと大いに通じるところがあり、読者の琴線に触れるものであることを確信している。依頼をご快諾いただいた彼女たちにも格別の感謝をしたい。

人形とは決して難解で触れ難い存在ではない。われわれの身近にあり、今後もそうあり続けるはずだ。ただし本書に登場するのは操られ、鑑賞されるだけではない、はみ出し者の人形たちばかりである。ではそんな彼らと我々にはどのような間柄があり、それが様々な作品や文化事象においていかに描かれてきたか／いるか／いくか……そんな風にして、人形と人間のあいだを考えようとする本書が、身の周りの人形たちと読者が改めて向き合うきっかけとなることを願っている。

第一部　二重に生きる人形たち

■人形と「滅びの予感」

人形の魅力は、この反語的な反射、暗い、不浄卑賤な、むき出しの物質性を通じてはじめて現出する倒錯美にあるのだ。あるいはこうも言えるかもしれない。人形の魅惑は、そのあどけない肌の下に湛えられている滅びの予感にあるのだ、と。(種村 11)

■弱いロボット

「手足もなく、目の前のモノが取れないのなら、誰かに取ってもらえばいいのか。そもそも自分を上手に表現できないのなら、誰かに積極的に解釈してもらえばいい」

あらためて考えてみると、こんな捨て鉢ともいえる発想で作られたロボットは世の中にまだないのではないか。ポイントとなるのは「一人では動こうにも動けない」という、自分の身体に備わる「不完全さ」を悟りつつ他者に委ねる姿勢を持てるかどうかである。つまり、他者のまなざしを持てるかということだろう。(岡田 116)

第一章　『トイ・ストーリー』のオモチャたちはなぜ見られてはいけないのか

人形との《共犯関係》

「はじめに」で述べたように、人形とわれわれのあいだには切っても切れぬ関係が存在している。「関係だなんておおげさだ」、「人間が人形をつくって、あやつって、みるだけでしょ」とおっしゃる方もいるかもしれないが、決してそうではない。

受講生から聞いたこんなエピソードがある。彼女はとあるクマのぬいぐるみ（仮名トム）を五歳の頃までずっと大切にしていた。トムは腹部を押すと声を発するのが特徴で、幼少の彼女にとってはよき話し相手であったそうだ。

しかしある日、彼女が友人宅に出向いた時にその間柄はすっかり変わってしまった。そこにはトムとまったく同じ姿形をしたぬいぐるみがあったのだ。腹部を押すと喋ることをその友人は自慢げに語ったそうだが、彼女は困惑して泣いてしまった。帰宅して、すかさずトムの腹部を押すといつものように喋る。なのに彼女は話しかける気がとうに失せていたという。

やがて彼女が高校生になり、部屋の整理をしていた時にやや色褪せたトムと《再会》した。おもむろに腹部を押したところ、おそらくマイクの故障により音声がとぎれとぎれになっていたそうだ。しかしその瞬間、彼女はうれしくなった。やっと自分だけのトムになってくれたと。そして彼女が大学生になり上京した今でも、トムとは時折話をするほど極めて近しい関係を築いているという。

このエピソードにおけるトムは、まさに彼女の主観と紐づいた存在に他ならない。しかしここで重要なのは、このトムが色褪せ故障していなければ大学生の彼女との関係は全く別のものとなっていたと思われる点だ。決して彼女の主観だけが生み出した関係ではない。ここには彼女とトムの相互的な、いわば《共犯関係》とでも呼ぶべき間柄を見出すことができる。

このようなエピソードに触れると、わたしは世界的にヒットしたアニメーション映画『トイ・ストーリー』シリーズを思い出してしまう。後述する通り、この作品は人形と人間がどのようにかかわることができるかという点を主題にしている。大学で人形をテーマにした講義を行なうことになった際、最初に扱うと決めた作品であり、また人形と人間の相互的なかかわりについて多くの頁を割く本書にとっても欠かすことのできぬ要素をはらんでいるため、ここから話を始めてみることとする。

『トイ・ストーリー』について

『トイ・ストーリー』は一九九五年にピクサー社によって製作された世界初のフル３ＤＣＧアニメーションである。ご存知の通り、長らく手書きのセルアニメーションが主流であったが、今日ＣＧアニメーションは何ら珍しいものではなくなった。この潮流をけん引する代表格がピクサーである。製作当時の段階では、全編ＣＧで長編アニメーション映画が作られたことはなく、結果的に大ヒットになったものの未知数の部分が多い野心的なプロジェクトであったことは多くの関係者が語っている。このシリーズ一作目のあらすじは次の通りである。

図版引用３　ＤＶＤ『トイ・ストーリー』ジャケット（監督ジョン・ラセター）２００６年発売
販売元　ブエナ・ビスタ・ホーム・エンタテイメント
今見返してみると第一作目のウッディは、性格が結構キツい。オモチャたちのリーダーで頼れる部分もあるが、バズへの嫉妬からくる狡猾さも垣間見せるなど、持ち主のアンディも知らぬ意外な一面といえるかもしれない。

少年アンディはカウボーイ人形・ウッディをはじめ、様々なオモチャと暮らす。実はこのオモチャたちには人間に知られてはいけない秘密があり、それは彼らが生きているということ。ウッディはアンディの一番のお気に入りで、オモチャたちのリーダーでもあった。

オモチャたちは眼前に迫ったアンディの誕生パーティを恐れていた。なぜなら新しいオモチャがやってくれば自分たちの立場は脅かされ、間近に迫った引っ越しの際に手放される可能性があるからだ。やがてパーティが始まると、アンディには最新式オモチャのバズ・ライトイヤーがプレゼントされる。アンディもバズを気に入るが、オモチャたちは複雑な面持ち。特にウッディは自分の立場を脅かされるのを恐れ、バズを受け入れようとしない。一方バズは、自分がオモチャだと知らず、銀河の平和を守る本物のスペース・レンジャーだと思い込んでいるためちぐはぐなやり取りが続く。

ある日、ウッディはアンディに連れられレストランへ。バズは、故郷に帰るための宇宙船を調達するべくウッディたちを尾行する。ウッディがバズに気づくと取っ組み合いの喧嘩が始まる。そして喧嘩に夢中になるあまり二人はアンディとはぐれてしまう。必死にアンディを追う二人だったが、運悪く乱暴者の少年シドに連れ去られる。シドの家には、四肢を切断されたり頭部を挿げ替えられ改造を施されたオモチャたちがおり、二人は震え上がる。更にバズは「バズ・ライトイヤー」のテレビCMを見て、自身が量産されたオモチャであることを知る。絶望し身動きが取れなくなるバズ。それでもウッディらオモチャたちと協力し合い、なんとかシドの家を抜け出す。そしてバズは自身がオモチャであることを受け入れ、ウッディと共に間一髪で引っ越しに向かうアンディの車に乗り込むことに成功する。こうして、オモチャたちは新居での生活を迎える。

『トイ・ストーリー』の設定への疑問

『トイ・ストーリー』は、われわれの見ていないところではオモチャに生命が宿っており、動いたりしゃべったりしている、という誰もが一度は空想したことのあるアイデアを作品化したシリーズだ。動かないはずのオモチャや人形が実は生きているという設定は、八八年公開のホラー映画『チャイルド・プレイ』のように、恐怖譚として語られることも少なくない。しかしピクサーはそれをオモチャたちの冒険物語として描き大ヒットをおさめた。

シリーズに共通する性質は主に次の三点である。

・オモチャたちは生きている姿を人間に見られてはいけないこと。
・オモチャたちがいつか捨てられてしまうという不安を抱いて生活していること。
・アンディの家にいるオモチャたちが何らかの形で外に出たのち、無事に帰宅しようと奮闘し冒険すること。

これらはいずれも本シリーズを語るうえで重要な性質であるが、かねてから不思議なことがあった。それは、なぜオモチャたちが生きていることを、人間に見られてはいけないのかという点だ。シリーズを支える根幹要素であるにもかかわらず、なぜそうしたルールが設定されているのか、それを破るとどうなるのかが作中で説明されることはない。

そこで本章では、このきわめて素朴ながら本作の最も重要な設定について考えることで、『トイ・ストーリー』シリーズが描こうとした人形と人間の関係性がどういったものであったのか、明らかにしてみたい。

ＣＧアニメーションという技術

まずは作品を支える技術の面から、オモチャたちが人間に見られてはいけない理由を考えてみよう。そのためにまず一九八八年にジョン・ラセター（John Lasseter）が監督し、『トイ・ストーリー』の原型になったと製作者たちも語っている短編映画『ティン・トイ』（*Tin Toy*）を取り上げる。

『ティン・トイ』は、新しく家に来たオモチャが怪物じみた赤ちゃん（ビリー）から襲われる、逃げる、最終的にはオモチャが赤ちゃんと遊んでもらおうと追いかけるという五分ほどの作品だ。
（1）

講義でこの『ティン・トイ』を鑑賞した多くの学生が抱く感想は、「赤ちゃんが気持ち悪い／不気味」というものだった。『ティン・トイ』のアニメーション技術を高く評価する声はあったものの、八〇年代はCGを映像に活用する技術はまだ未成熟で、とりわけ人間を描くには不向きであるとしばしばいわれていたのだから無理もない。

こうした点は専門家たちの間でもしばしば指摘されてきた。例えば「不気味の谷」について研究するロボット技術者のカール・マクドーマン（Karl MacDorman）は、アニメーションに出てくるオモチャたち全てが生気に富んでいたが、赤ちゃんは恐ろしかったと述べている。（Talbot 二）(2)

また認知心理学者のアンジェラ・ティンウェル（Angela Tinwell）も本作について次のようにまとめている。

> ぎこちない口の動きと不気味な笑みは、赤ちゃんに本来期待されるような純真さと無邪気さが欠落していた。（中略）
> ビリーの生々しい表情は赤ちゃんの年齢より老けて見え、異様だとして批判を受けた。アブノーマルで奇妙なビリーの描写は、彼の幼い容貌と釣り合わなかったのだ。（Tinwell 198）

こうした指摘からも明らかなように、この段階のピクサーの技術力で人間をCGアニメーションにおいて表現することは高いハードルであり、その点についての批判も少なくなかった。

それでも本作が高い評価を得られたのは、本来無機物であり、動くはずのないオモチャたちに生命を宿すという試み自体が《アニメーション的》であったからだろう。そもそもアニメーションとは静止画という無機物の連なりに過ぎない。その連なりが運動するとき、単なる無機物であったはずの静止画が生き生きと見えることがあり、それをわれわれはアニメーションと呼ぶ。

そのことを踏まえれば、CGにより無機物に生命を与えるという試み自体がアニメーションというジャンルに極めて意識的な挑戦だったといえる。つまりピクサーにとって、動かないはずのモノに生命が宿るという設定の作品を全編CGで制作し成功させることが、彼らの製作物をアニメーションと呼ぶにふさわしいものであると証明する方法だったのである。

そのピクサーが、アップル社のスティーブ・ジョブズ（Steve Jobs）らから資金を得ながら制作した、初めての長編アニメーションが他ならぬ『トイ・ストーリー』だ。当初は『ティン・トイ』の三〇分版を制作する予定だったが、出資者らの説得もあって長編へと変更になった。以後三作目まで作られ、スピンオフの短編も複数あり、二〇一九年には四作目が公開される予定だ。動かないはずのオモチャに生命を与え、冒険させ、その成長を描く物語であることからも、彼らが短編で試みてきたことの延長線上にこの作品があることが分かるだろう。

その一方で、『トイ・ストーリー』第一作におけるオモチャたちの表情や動作の豊かさと比較すると、『ティン・トイ』から格段に進歩していることが分かるものの、アンディをはじめとする人間のキャラクターたちが全体的にまだぎこちないのも事実である。そうであるとすれば、オモチャが人間に見られてはいけないという設定に隠された、極めて現実的な理由をまずは指摘出来よう。

すなわち、人間を必要以上に物語に介入させない工夫として人間に見られてはいけないという設定が導入されたと考えることが可能だ。『ティン・トイ』において赤ちゃんの表現に一定の批判があったことを踏まえれば、この設定が技術的な制約を乗り越える手段のひとつとして機能していたことは否定できない。

オモチャたちの心理とアンディの成長

次に『トイ・ストーリー』におけるオモチャたちの心理との関連から、人間に見られてはいけない理由を考えてみたい。先述したように『トイ・ストーリー』シリーズに共通するオモチャ心理の根本にあるのは、いつか捨てられるかもしれないという危機感である。例えば第一作冒頭には、引っ越しを控えたアンディの誕生パーティが予定より早く開催されることを知ったオモチャたちによる、次のようなやり取りがある。

ウッディ　こんなの毎年のことじゃないか。
レックス　でももし怖い恐竜が来たら、僕なんか見捨てられちゃう。
ウッディ　見捨てられるもんか、なんたってアンディだぜ。毎日遊ばなくても……彼のそばにいてあげることが大切なんだ。
ハム　会議の途中だけど……来た！　パーティのお客が！

オモチャたちの表情や動作、やり取りの軽妙さに胸が躍る映画冒頭だが、交わされているやり取りからは彼らが直面している問題の深刻さがうかがえる。この後、シリーズを通じての主要キャラクターとなっていくバズ・ライトイヤーがオモチャたちに仲間入りすることとなり、ウッディが彼に嫉妬するところから物語は展開していく。

結局、先述したあらすじのように両者は和解し、アンディのオモチャとして生活していくことになるわけだが、いつか捨てられるかもしれないという問題が解決されるわけではない。その証拠に、第二作においてもこの点は再び問題となる。

第二作ではウッディが実は『ウッディのラウンドアップ』という番組の登場キャラクターで、金鉱堀のプロスペクター、カウガールのジェシー、ジェシーの愛馬ブルズアイとセットならば希少なコレクターアイテムとして価値があることが判明する。それを知ったコレクターのアルに盗まれ、アンディの元を離れてしまうウッディ。ウッディはジェシーやブルズアイらと交流し、友情を育むも、やはりなんとかしてアンディのもとに帰ろうとする。
そんなウッディの姿をみてジェシーは、かつての持ち主エミリーがやがて成長し、自分に飽き、最終的にはバザーに売られてしまった過去を回想した後、次のように語る。

ジェシー　あたしたちは忘れない。エミリーやアンディを。でも彼らは忘れる。
ウッディ　ジェシー、俺は……。
ジェシー　行って。
（ウッディ、出ていこうとする）
プロスペクター　彼と君は永遠か？　彼は大学や新婚旅行に君を連れていくか？　彼の成長は誰にも止められない。君しだいだ。彼の所へ戻るか、博物館で永遠の命を得て、何世代も子供たちに愛され続けるか。

この場面でウッディは、ジェシーの回想を聞いた後、いつか大人になってしまうアンディのもとに戻るか否かの選択を迫られる。実際、この場面ではウッディが向かおうとする換気口の向こう側は先が見えず暗いトーン、プロスペクターやジェシーのいる部屋は暖色トーンで表現されており、彼らの未来を暗示する役割を果たしている。
結局この二作目でも、ウッディはジェシーとブルズアイを連れてアンディのもとに戻ることになるわけだが、ここでも、いつか捨てられてしまうかもしれない件については特に解決されず、保留されたまま幕を下ろす。

そしてこうした物語を支える仕掛けとしても、オモチャたちが人間に見られてはいけないという設定は効果的だ。既に技術的な制約の観点からこの設定の必要性を説明したが、アンディがオモチャたちの現在や未来についてどう考えているのかという点を突き詰めず、いわばその《聖域》を守るためにも、オモチャと人間の《交流》を避けるという選択は有効だと思われる。

しかし一〇年に発表されたシリーズ第三作では、前二作において踏み込まなかった領域が遂に作品の主題となっている。まず映画冒頭、アンディとオモチャたちが遊んでいた過去の様子が回想される。次に、それと対比するように、十七歳になった現在のアンディともう一度遊ぶためにオモチャたちがあれこれ画策するも、失敗に終わる。そこで交わされる会話は次のようなものだ。

レックス　また、やるよね?
ウッディ　終わりだ。あきらめる。彼はすぐ大学へ行く。もうムリだ。
バズ　屋根裏モードに入るぞ。パーツや電池を忘れるな。
ポテトヘッド　分からないか?　もうおしまいだ!
ウッディ　落ち着け、予期したことだ。ついにきた。オモチャの宿命だ……。

ここで、前二作ではそう遠くない未来のこととして仄めかされるだけだったアンディの成長がはっきりと提示され、オモチャたちの境遇にも劇的な変化が訪れている。端的にいえば、アンディが自分たちと遊ぶことはもうなく、屋根裏部屋に行くかごみとして捨てられる道しか残っていないという状況である。結局この後の場面で、アンディはウッディだけを大学へ連れて行き、他のオモチャたちを屋根裏部屋に保管することを決める。

しかし不慮の事故もあり、オモチャたちはまた家から出ることとなる。一見これまでと同じプロットのようだが、一、二作目と明らかに異なるのは、オモチャたちにとって帰るべき場所であったアンディ家の位置づけである。

『トイ・ストーリー』シリーズを支える二重の生

アンディ家がオモチャたちにとってどういう場所かを考えるには、このシリーズにおける彼らの性質を念頭に置く必要がある。既に述べたが、彼らはオモチャでありながら生きてもいるという両義的な存在である。だが三作目冒頭の場面からも分かるように、彼らはもうオモチャとしての機能をほとんど果たしていない。生命を持ってはいるものの、人間の見ていないところでしゃべったり動いたりしているだけの存在だ。

ここから逆算するようにしてわかるのは、この『トイ・ストーリー』シリーズにおいて、オモチャたちはいわば《二重の生》を授かっていたということである。(3)

ひとつはあたかも人間がそうするかのように動き、しゃべっているという生、そしてもう一つは誰かのオモチャとしてのいわばモノとしての生である。

であるとすればアンディの成長により彼らは、この二重の生の後者、つまりオモチャとしての生の危機(=死)に直面しているということになる。それを念頭に置くと、三作目において彼らが外出するのは、自分たちを必要とする持ち主を見つけ再び二重の生を取り戻すためであるといえる。そして再びアンディの家に戻り屋根裏部屋に入ってしまうことは、オモチャとしての死を受け入れることに他ならない。ここから過去二作とアンディ家の位置づけがすっかり変わってしまっていることがわかるだろう。(4)

こうしたことからこの三作目は、人間に見られてはいけないという設定により守られていた《聖域》に踏み込もうとする物語であることがわかる。これまでアンディの成長やオモチャたちへの心情は技術的、物語的に不問とされてきたことは既に確認した通りだが、この第三作ではまさにその点が主題化されている。そして物語の後半でついに、オモチャたちとアンディはこの《聖域》を巡ってある《決断》を下すことになる。

彼らの《決断》について考えるための前段階として、三作目で最も印象深く重要な場面のひとつを取り上げておきたい。それはクライマックスに設けられた焼却場のシークエンスである。

ウッディ以外のオモチャを屋根裏部屋にしまおうと決意したアンディだったが、手違いにより彼らはゴミ捨て場に運ばれてしまう。そのことでアンディに捨てられたと勘違いしたオモチャたちは、サニーサイド保育園を新天地としようとする。ウッディは誤解を解くために説得を試みるが、彼らの決意はかたい。諦めてウッディは立ち去ろうとするも、その途中で保育園帰りの少女・ボニーに拾われる。ボニーや彼女のオモチャたちともすぐに打ち解け、居心地のよいウッディだったが、サニーサイド保育園はぬいぐるみのクマ・ロッツォが支配する場所であることを知り、助けに向かうことに。ウッディは仲間たちの協力により保育園を抜け出すも、偶然も重なり焼却場へ行き付いてしまう。脱出を試みるが眼前に迫る炎の海。万策尽きたオモチャたちは見つめあい、自然と手を取り合ったのち目をつぶり、最期を待つ。

この焼却場の場面は、セリフではなく表情と動作だけで彼らが死に直面し、それを受け入れせめて手を取り合って共に逝こうと決意する瞬間が描写されている。無機物に生命をあたえることを試みてきたピクサーのCGアニメーションが、まさにオモチャたちの生命を描き得たからこそ成立する場面に他ならない。それ故に彼らが否応なく迫る死を受け入れようとするこの場面の緊迫感は生まれている。

そしてその緊迫感に一定の説得力があるからこそ、九死に一生を得て焼却場を脱したオモチャたちが、すんなり屋根裏部屋行きを選ぶ次の会話は身につまされる。

ポテトヘッド　屋根裏の悪口は全部取り消すよ。
（中略）
ウッディ　待て君たちはどうする？　屋根裏はいい場所じゃない。
ジェシー　アンディのオモチャよ。
バズ　みんなで家にいるよ。

前述の通り、本作のオモチャたちは人間のように動き、喋るという生と、アンディのオモチャとしての生という《二重の生》を授かっていたわけだが、焼却場で眼前に広がる炎の海が意味するのは、二重化した生のいずれをも飲み込んでしまう《死》に他ならない。そこで、消極的にではあるが彼らは《二重の生》を捨てることを決意し、屋根裏部屋行きを受け入れるのである。

しかしそこで作品は終わらない。既に述べたように、本作はこれまで《聖域》とされてきたアンディとオモチャたちの関係を一歩踏み込んで描くことを主眼に置いているのだ。

アンディとウッディの《決断》

アンディの家に戻ったオモチャたちは、ウッディを除いて皆、屋根裏部屋行きの段ボールに入る。ウッディと彼らは別れの挨拶を交わす。そこにアンディと母親が登場する。母親はがらんとしたアンディの部屋を目の当たりにして息をのむ。別れを寂しがり涙を流す母親と、それを抱きとめるアンディ。その様子を段ボールの中から見つめていたウッディは、とある《決断》をする。すぐそばでアンディや母親たちが会話している中、段ボールから飛び出し、ポストイットにペンである家の住所を書きつける。それはウッディが仲間を助けに行く前に出会った、少女・ボニーの家の住所。それに気づいたアンディは屋根裏部屋にしまうはずだったオモチャをボニーに譲ることを《決断》する。

オモチャは人間に生きている姿を見られてはいけない、というルールが三作を通じて存在していることを考えると、オモチャが人間に働きかけ行動を起こさせるという行為は、反則ギリギリのはずだ。だがここで大事なのは、結果としてアンディに行動を起こさせてはいるものの、ウッディがアンディに何かを命令したわけではないという点だ。第一作において、ウッディが乱暴者のシドに直接話し掛け、オモチャへの暴力を半ば無理やりやめさせていたことを考えれば、このウッディの行動は、考えるきっかけを与えたに過ぎぬささやかなものであったともいえる。

そしてこの《決断》の意味を考える上で重要なのが、ボニーのもとをアンディが訪れ、オモチャをひとつずつ名残惜しそうに渡していく本作ラストのシークエンスである。屋根裏部屋にしまっていつまでも自分の所有物にしておきたかった気持ちを隠しながら、アンディはウッディに背中を押され、オモチャたちをボニーに継承する。

すると本来段ボールには入っていないはずのウッディの存在にボニーが気付く。アンディは躊躇しながらも、ウッディをボニーに渡すことを《決断》するのが次のやり取りだ。

アンディ　ウッディはずっと昔から僕の友達だった。勇敢なカウボーイで優しく賢い、何よりすごいのは友達を見捨てないとこ、絶対に。どんな時も絶対に。大切にできる?

(うなづくボニー)

アンディ　よろしく。

(ウッディをボニーに渡すアンディ。やがてハムを手に取り)

アンディ　ポークチョップの攻撃だ!

ボニー　お化けが!　行けウッディ!

アンディ　バズ出動!

この《決断》が別れを意味するのだということに、アンディは車に戻り、ボニーの手におさまったウッディの姿を見て改めて思い至る。これは先にも言及した、母親がアンディのがらんどうになった部屋を見て息をのむ表情と重ねられている。ここに、人間を表現するには不向きとされてきた3DCGを用いて、大切な存在と別れ、成長するアンディが描写されていることは指摘しておくべきだろう。またそのことを踏まえると、ウッディやオモチャたちとアンディの関係は単なるモノと持ち主ではなく、親友や家族といった表現がしっくりくるような間柄だったこともよく分かる。
こうしてオモチャたちは、新たな持ち主を得たことでついに《二重の生》を取り戻すこととなる。本書にとっては、ここに至るまでにウッディとアンディ両者の《決断》が描かれていたという点こそが重要だ。両者は様々な事情によって物理的な距離を置かなければならなくなった。彼らはもちろん面と向かって何かを相談したわけではない。だが、物理的に一緒にいなくとも友人や家族であり続けられるのだという、より成熟した関係を、両者の《決断》によって選び取った場面なのではないか。

オモチャと人間の好ましい関係とは

そうした議論を経ると、第三作の何気ないやり取りが本シリーズの主題と深く関連するものであることが分かってくるはずだ。

アンディ母　アンディ、早く決めて。
アンディ　何を?
アンディ母　例えばオモチャ。保育園に寄付する?　ネットで売る?
アンディ　ママ、売れないよ、ガラクタ（Junk）だ。

アンディ母　金曜までに決めて。大学か屋根裏行き以外は捨てるわよ。
アンディ　わかったよ。

矢継ぎ早にあれこれ要求して来る母親へのちょっとした反抗心が作用しているとはいえ、アンディがオモチャたちのことをガラクタ（Junk）と呼ぶこのシーンはなかなか衝撃的だ。実際、この発言はオモチャたちがサニーサイド保育園行きを決断する際の動機にもなっており、過剰に突き放した表現にも思える。

しかし先述したように、両者の《決断》が物語の着地点に用意されていることを踏まえれば、このアンディのセリフは意義深い。なぜか。それは両者の《決断》に象徴されているように、本シリーズではオモチャと人間が過剰に寄り添ったり、安易に心の交流を図ったりしない。よってオモチャたちは人間になりたいとは言いださないし、人間側が彼らを人間扱いすることもない。つまり、アンディにとってオモチャたちはあくまでガラクタで、オモチャたちにとってアンディは持ち主で、それを双方が了解しながらも親友や家族に類するような関係を構築していくさまを描くのが『トイ・ストーリー』シリーズなのである。

そうであるとすれば、本シリーズの人間に見られてはいけないというルールは、作品内外の様々な要請によって生み出されたものでありながら、人間とオモチャの間にある埋めがたい距離を描写するための最も重要な枷として捉えるべきだろう。そして何を隠そうわたしには、この枷の効果で両者が過剰に交わらず、その距離を隔ててもなお友人や家族でいられる彼らの《共犯関係》が、とても好ましく思えてならないのである。

【註】

1　ちなみにこの、オモチャにとっては怪物以外の何者でもない子ども、という描写は、『トイ・ストーリー』一作目のアンディの妹モリーや、三作目におけるサニーサイド保育園の年少組の子どもなどにも引き継がれている。

2　不気味の谷とは、ロボット工学者の森政弘が提起した概念で、人間にとって人型のロボットや人形が実物そっくりに近づいていくと親密度が増すが、ある一定値を超えると不気味さが勝ち、親密度がぐっと落ち込むという仮説。その谷を越えると再び親密度が上昇するといわれており、人形やロボットによって人間の再現を行なう場合、この不気味の谷を越えられるかどうかを重要課題に掲げる製作者もいるようだ。

3　詳しくは後述するが、この《二重の生》は本書で後に取り上げていく、二重視や移行対象における中間領域といった概念と呼応するものである。

4　この位置づけの変化の切実さは、バズとジェシーが過去作において歩んできた道のりを考えるとより理解できるはずだ。あらすじでも述べた通り、第一作の前半部、バズは自身がオモチャであることを理解出来ない。その後さまざまなことを乗り越えていくなかで、自身が大量生産されたオモチャであることを認め、その性能を生かして窮地を脱していく。そしてアンディのオモチャである自分を受け入れ、二重の生を獲得できたところで物語が終わる。第二作ではジェシーが持ち主のエミリーに捨てられたというトラウマを抱えている。そしてウッディと出会い交流するなかで、ジェシーはアンディのオモチャとしての生活を選び再び二重の生を獲得していく。こうしたことから、過去二作はバズとジェシーがアンディのもとで二重の生を獲得する物語であったともいえよう。そのよりどころとなるアンディ家の位置づけの変化が、オモチャたちにとっていかに切実か、また、バズとジェシーの恋仲を連想させる場面が見られるのも、こうした背景を考えると非常によくわかる。

第二章　あなどるなかれ人形劇

忘れがたき人形劇

忘れられない人形劇がある。二〇一〇年頃だったか、わたしはパリのとある公園の常設人形劇場を訪ねた。演目は『三匹のこぶた』。結論からいえば、これが救いがたいつまらなさだった。そのつまらなさ故に、いまでも忘れることが出来ない。

子ども向けだったから物語が稚拙だとか、人形遣いの技量がどうだとか、そういう話ではない。むしろ、話を知っている大人が見ても飽きないようにアレンジが加えられており、連日上演されているだけあって操作もスムーズだった。

だが上演が始まり、子ども数人が、ちょっとどうかと思うくらい客席内を走り回り騒ぐようになってからわたしはあることに気づいた。作中で使用されているセリフや音楽が全て、あらかじめ録音されたものなのだ。よって人形たちの目の前を子どもたちが動き回り、人形に対してあれやこれやのアプローチを試みても、それとは関係なしに物語は進行する。

人形劇であればだいたいのことが許せてしまう人形バカなわたしでも、何とも居心地の悪い思いだった。これはふらっと立ち寄った公園で見かけた、旅の思い出などとは言い難い些末な出来事かもしれない。それにもかかわらず、なにか決定的なものを欠いた上演として、数年経った今でも忘れることが出来ないのだ。

一方で、それとは全く別の意味で忘れがたい人形劇も存在する。例をあげていたらきりがないが、例えばフランスを拠点とするロワイヤル・ド・リュクス（Royal de Luxe）というカンパニー。わたしは〇九年の横浜開港博で披露されたラ・マシン（La Machine）名義による蜘蛛のパフォーマンスと、一二年にリヴァプールで披露されたタイタニック号沈没一〇〇年にちなんだ『海のオデュッセイア』（*Giant Spectacular Sea Odyssey*）を実際に目にしてきた。

彼らは一〇メートル以上もある巨大人形を扱い、市街を舞台空間に変えてしまう。人形を動作させるために、その足元では多くの操り手たちがワイヤー等の器具をまるで従者のように操作し、音楽隊を引き連れて街を練り歩く。一度の上演で数十万人規模の観客を動員可能な、野外スペクタクルとでも呼ぶべき芸当である。

なかでも〇六年に上演された『スルタンの象と少女』（*La Visite Du Sultan Des Indes Sur Son*

Eléphant À Voyager Dans Le Temps）はひと際印象的だ。実際の上演に立ち会うことは出来なかったが、観客により撮影された様々な写真、動画の他、公式ＤＶＤでその内容を確認できる。パフォーマンスはある日現れた少女が街に滞在し、生活をし、やがて故郷に帰っていくというだけの内容なのだが、映像内の随所に挟み込まれる観客たちのドキュメンタリックなインタビューが興味深い。もちろんそこには少なからず製作者の意図が介在し、観客たちが口にするエピソードにも幾分かの演出が施されているだろう。

だがその一方で彼らによって繰り返し語られるのは、少女が人形であることを自覚しながらも、遣い手たちによる操作にしばしば反発するかのような人形の仕草や、観客に向けられた《視線》にたまらなく愛おしさを覚えたことへの興奮である。映像に登場する観客たちは一様に、巨大な人形に見下ろされ、彼らの住み慣れた街が見せる異貌への陶酔を隠さない。

図版引用４　ＤＶＤ『スルタンの象と少女』ジャケット（出演ロワイヤル・ド・リュクス）２００９年発売　販売元　コロンビアミュージックエンターテインメント

作中に少女が《放尿》するコミカルな場面があるのだが、「公衆の面前で幼女に何をさせてるんだ！」という感想を寄せる受講者もいる。そうした思いもよらぬ観点に直接触れられるのは講義の醍醐味のひとつだろう。

（余談だが）それを思えば、横浜開港博でのパフォーマンスは蜘蛛が主役だったこともあってか、印象に残る仕草や視線はあまりなく、おそらくはそのことと開港博の《失敗》は無縁ではないだろう。（1）

それに引き換え、リヴァプールでのパフォーマンスでは、あの《少女》がやって来ていたこともあって、わたし含め周囲の観客たちはその仕草に見惚れ、人形に声をかけ、一瞬でも《視線》を浴びると大喜びしていた。

わたしはリヴァプールでのこの体験に、人形劇の喜びを見出さずにはおれない。それが具体的になんであるかについては後述するが、こうした人形／劇を巡る観点、評価の基準のようなものがわたしにあるとすれば、それはとある喜劇作家との出会いがもたらしたものだ。

そこで、本章では十八世紀ロンドンで活躍したものの、いまではすっかり忘れ去られたある喜劇作家とその人形劇作品を取り上げる。彼の名前はサミュエル・フット。彼がどんな人物で、どういった時代背景のなかでいかなる作品を発表したかは本章で述べていくとするが、その議論を経ることの意義は小さくない。フットの人形劇を巡る議論こそが、本書で今後扱われていくさまざまな作品や事象に取り組むわたしの出発点である。ご一読いただければおのずと、人形劇はもちろん、前章で取り上げた『トイ・ストーリー』をはじめとする人形関連作品や文化事象をとらえるにあたり、本書がとる基本的なスタンスが明らかになるはずである。

図版引用5　十八世紀ロンドンにおけるパンチ＆ジュディ上演の様子（Speaight 181）
十八世紀のロンドンでは街中で人形劇が上演されることが非常に多く、むしろいわゆる常設型の劇場で披露されることの方が稀だったようである。

十八世紀ロンドンにおける人形劇ブームとそのワケ

ではフットの話を早速……とその前に、彼が活躍していた十八世紀ロンドンにおいて人形劇がどのような状況にあったのかを紹介しておきたい。なぜ人形劇で十八世紀？　と思われる方もいるかもしれない。だが人形劇の歴史についてまとめた演劇研究者のジョージ・スペイト（George Speaight）が述べるように、当時のロンドンでは史上空前の人形劇大ブームが巻き起こっていた。（Speaight 92）

このブームの理由は、下方から袋状の人形に手を入れて操る「パンチ&ジュディ」（Punch & Judy）などのパペット形式、上方から糸等で人形を操るマリオネット形式の両方が人気を得ていたことが大きい。(2)

またこれら人形劇は一七三七年の演劇検閲法の施行で上演環境が厳しさを増すなか、しばしば法の適用を免れ劇場内外で上演が可能だったことも流行を支えていた。

図版引用6　マーティン・パウエルの人形劇の様子（Speaight 98）
上部の雲の部分から操り糸を垂らし、両サイドにある書割を場面ごとに入れ替えて使用していた。舞台を下から照らす、今でいうフットライトも確認できる。

ではどのような人形劇が上演されていたのか。もちろん残っている資料に限りはあるが、十八世紀のロンドンで最も著名な人形遣いといえば、マーティン・パウエル（Martin Powell）をおいて他にいない。その上演の様子を知る手がかりとして、当時の新聞記事を参照しよう。

彼らの動きが見事で、観ていると
まるで生きているかのようで怖いくらいだ。
巧みな手さばきによって動物たちは踊ったり遊んだりし、
見えない糸に操られてあっちこっちに飛び回る。
この有名な人形遣いパウエルは声色で喋り、

パウエルの口を通して人形たちが大きく甲高い声を出す。(南 71)

この記述からも明らかなように、イタリアから輸入されたマリオネット形式による人形劇はパウエルのような達人が、糸が見えないほど巧みに「まるで生きているかのよう」に操るかが重要なポイントだった。その上で「声色」を変え、まるで「人形たちが」「声を出」しているかのように見せ、人形それ自体にも改良を加えることで活況を呈していた。

こうしたあり方が重要であったことは、パウエルの上演した人形劇の様子を描いた図6において、(非常に見えづらいが)舞台上の人形を操る糸が全く描かれていないことにも示されている。更にこの図版から分かるのはフットライトに背景幕、遠近法舞台といった、当時の劇場にあった装置をそのまま小型化したような仕掛けが導入されているという点である。すなわちパウエルのような達人の技術に加えこうした装置が導入されることで、「まるで生きているかのよう」な人形はひとつの繁栄を見ていたのである。

異色の人形劇を生んだサミュエル・フットという男

そうした時代に活躍したのが、サミュエル・フットという男である。フットは十八世紀ロンドンではシェイクスピアに次ぐ上演回数を誇るほどの人気を博していた。彼は一七二〇年生まれ、

図版引用7　サミュエル・フットの肖像（Fitzgerald 1）
フットはモノマネが得意だったことで知られている。その才能を生かして同時代の様々な有名人を笑いのタネにしていたのである。

四四年役者デビュー、四七年にはふたつの演劇論と短編喜劇を発表し作家デビューを果たす。そんな彼の人生に転機が訪れたのは六六年。フットはヨーク公爵の所有する馬から落ち、左足の切断を余儀なくされ、その後は木の義足を装着することとなる。

この事故の責任を感じたヨーク公爵は友人でもあるフットに対し、ロンドンであらゆる種類の芝居や娯楽の上演を特別に許可し、更にヘイマーケット・リトル・シアターの支配人の地位を与える決定をする。そしてフットは六八年に『二本の杖の悪魔』（*The Devil upon Two Sticks*）で現場に復帰し、自らが経営する劇場で義足の俳優として自作への出演をするようになり、七七年に亡くなるまでに全二十四本の喜劇を発表した。

このフットについて、学術研究の分野でこれまで積極的に取り上げられてきたとはいえない。だが、フットは等身大人形が登場する特異な人形劇を落馬事故の以前と以後でひとつずつ発表しており、いずれも見逃せない実験作である。

そこで本章ではフットによる二作目の人形劇『プリミティブ・パペット・ショー』(*Primitive Puppet-Shew* 以下、『プリミティブ』と略記)を中心に取り上げ、登場する木製の等身大人形とフットの義足の身体に着目し作品分析を行なう。本来であれば十八世紀英国における演劇を巡る社会状況や多様な演劇人たちの仕事に言及しつつ、フットの活動についても網羅すべきであろうが、紙幅の関係でそれは叶わない。ここではフット最晩年の人形劇に焦点を絞る。そして最終的には彼が人形をどのようにとらえていたかを明らかにしつつ、その観点が、今日の人形やその文化を検討するにあたりいかに切実で有用でかつ新鮮なものであるかを示してみたい。

等身大人形による実験―『プリミティブ・パペット・ショー』とは

本章で具体的な作品分析をしていくにあたって、まずは『プリミティブ』がどのような内容であったのかを、当時の新聞記事等を参照しながら紹介しておこう。

七三年に発表された『プリミティブ』はフットにとって二〇作目となる喜劇である。

本作はその構造から四つのパートに分けることができる。フットが一人で登場する前口上、幕が開いて人形たちが登場するプロローグ、フットがコメントをしながら人形劇を行なう『敬虔なパッテンズ』(*Piety in Pattens* 以下『パッテンズ』と略記)、そして最後に用意されたエピロー

図版引用8『プリミティブ』初演時の様子(Bogorad and Noyes 96) 上方からの糸がついている人形を見れば明らかなように、右にいる恰幅のいい男(フット)と背丈が同程度で衣服を着ている。この人形が木製だというのだから、それだけでも本作の特異性が明らかになるはずだ。

グである。(3)

各パートについて簡単に紹介する。前口上でフットは『プリミティブ』が、流行のスタイルとは異なる人形劇を復活させたものであること、様々な木材でつくられた人形たちがこれから登場することを宣言する。ではフットの人形はどのようなものだったか。それが明かされるのはプロローグである。

舞台幕が開くと、プロローグが始まり人形が登場する。残念ながらプロローグの脚本は残っていない。しかし当時の劇評にその様子が記されており、そこには衣装をまとった木製の等身大人形が現れプロローグを語ったとある。ここで注目したいのは、木製の等身大人形が登場するという点だ。

初演の舞台の様子を伝えた図8を見ると人形が上方から糸につながれており、『プリミティブ』に取り入れられたのがマリオネット形式の人形であったことが分かる。当時のマリオネット形式では、大きくても一メートルに満たない人形が主流であった。十八世紀にイタリアから輸入されたマリオネット形式は英国での人形劇ブームの一端を担ってもいたわけだが、等身大の上に衣装を着て、更に木で出来たマリオネットが軽やかに演技を行なっていたとは考えづらい。ぎこちなく動作する人形が観客にとってかなりのインパクトであったことは想像に難くないだろう。

このプロローグが終わると、次は人形とフットによる『パッテンズ』がはじまる。あらすじは次の通り。メイドであるポリー・パッテンズは主人のスクワイアに恋をしていて、結婚の約束もしている。だがそれを知った執事のトーマスに、スクワイアと結婚したら純潔が保てない生活を送る事になるから自分と結婚するようにと説得され、ポリーはそれを了承する。しかし、トーマスがポリーを説得した事を知ったスクワイアが、自分と結婚すれば金銭的に豊かな生活も送れるし、もちろん純潔も保てると話すとポリーは悩む。そして最後にはポリーが二人と話し合い、どちらも愛しているがどちらとも結婚できないと告げる。

このあらすじは、お屋敷内での三角関係を描いた当時流行のセンチメンタル・コメディの類型的プロットをおおむね踏襲している。(4)

ただし、類作で頻繁に登場する身分違いの恋への苦悩や、運命の悪戯に翻弄される自らの不幸を嘆くといった場面は皆無で、言い寄られた男性に言われるがままその都度なびいてしまうポリーの滑稽な姿が描かれている。流行のセンチメンタル・コメディの多くが結婚で幕を閉じるのに対し、言い寄る男性二人の求婚を結局どちらも断り、どちらも好きだからどちらとも結婚しないというポリーの決断は、類型的なプロットの範疇にはおさまらないものといえよう。

また『パッテンズ』における、作者のフットが作品に介入する描写も見逃せない。フットが本人役で登場する作品は過去にもいくつかあったものの、『パッテンズ』ではやや特殊な立ち位置でフットが登場しているといえる。その代表的な場面を引用する。

ポリー　いえ奥様、わたしに何をおっしゃってもかまいませんが、両親を悪く言うのは止めてください。彼らは貧しいですが、正直でダンヒルの真珠のように清貧であり、それに対し、豊かでも悪どいあなたは、金のなかにある一片のガラスと大差ありません。
(フットは観客に言う、「現代、どんな作品においても、これほど感傷的な場面を見つけることは出来ません」)。(Bogorad and Noyes 25)

スクワイア　わたしの意図が分かってないよ、君は。わたしの狙いは君に女主人を与えることじゃない。君を女主人にするということなのだ。
(フット「いま、彼はこの作品の一幕における最大のポイントに来ています」)。(Bogorad and Noyes 26)

ここから、進行中の人形劇について、フットがツッコミでもいれるかのようにコメントしていることがうかがえる。前口上で作品について語り『パッテンズ』にコメントをするフットは、作者という立場を利用した役割を担っているといえよう。

しかし、そうした立場で居続けることを困難にしてしまうのが作品の最後に設けられたエピローグである。『パッテンズ』の最後のシーンで、ポリーが求婚してきたスクワイアもトーマスもどちらも選ばないという結論を出した直後、突然大きな音がして場面はエピローグへと移行する。そしてフットを含めた人形たちは、人間の俳優が演じる警察官によって裁判所に連れて行かれることとなる。

エピローグも残念ながら脚本は残っていないのだが、翌日の新聞にかなり詳細な内容が掲載されている。そこでは、まず人形たちは人間でないので罪に問えないことが確認される。ではフットはどうか。彼は人形ではないのだから投獄すべきだという主張がなされるが、それに弁護士が反論する。なぜならフットの左足は人形たちと同じ素材で構成されており、彼の体の四分の一は人形だと考えられる、もし彼を人間として逮捕するなら、彼の人形の部分が反発するだろうからだ。そして足無しのフットの身体か、フットの身体無しの足かを捕まえられるまで待つしかないという判決が下され、幕が下りる。(Bogorad and Noyes 37)

このエピローグの展開は大変興味深いものといえるが、あまり知られてこなかった。しかし、実は十八世紀当時の演劇状況や今日のわれわれの身体を巡る問題とも強く結びつく重要な場面である。そればかりか、フットの人形観がはっきりと示されている部分でもあるので、本章ではのちに、このエピローグを重点的に取り上げる。

以上が『プリミティブ』の概要である。

『プリミティブ』初演時の不評と人形への疑問

ではこの『プリミティブ』はどのように評価されてきたのか。それも確認しておこう。

前述したように当時は人形劇ブームの渦中であり、しかも当代随一の人気作家であるフットの新作ということもあって、『プリミティブ』初演には多くの観客が足を運んだ。だが、物語が短く前述したようなエピローグにより唐突に終了する『プリミティブ』に対する評価は、決して高いものではなかった。

それは上演初日の、「観客は満足せず騒ぎ出し、一、二脚のベンチを壊した。平土間にいた客はもっと厄介で、オーケストラを破壊した」というエピソードからもうかがえる。(Bogorad and Noyes 69)

また「パンチの出ない人形劇なんて誰が聞いたことがありますか?」という批評からもうかがえるように、『プリミティブ・パペット・ショー』と題しておきながら当時人気のあった人形劇「パンチ&ジュディ」の要素が取り入れられていなかったことにも批判が集まっていた。(Bogorad and Noyes 79)

結局、この初演の不評を受けてフットは一ヶ月後に改訂版を発表することになる。改訂版においては等身大人形ではなく人間俳優が登場し、作品全体のタイトルとして『パッテンズ』が採用されることとなる。そして改訂版に受け継がれた内容を踏まえ、本作の評価はセンチメンタル・コメディ批判という側面ばかりが取り上げられてきた。(Bogorad and Noyes 5)

そうした批評においては作中への人形の導入もまた、フットによるセンチメンタル・コメディ批判のための仕掛けのひとつとしてとらえられた。だが『プリミティブ』初演版に関しては、その読解だけでは説明できない点がある。

フットがセンチメンタル・コメディ批判だけを意図していたとすると、わざわざ人形を登場させる必要があったかどうかは疑問である。何より、フットが人形をセンチメンタル・コメディ批判のために利用していたとしても、ではなぜ等身大だったのかという問いにはその解釈では答えられない。

人形による風刺や批評は様々な時代、土地において試みられてきたが、そのためであれば小さいものでも事足りる。そもそも等身大の木製人形に衣装を着せてマリオネット形式で扱ったという事例は歴史的に見ても極めて稀である。当時のロンドンで人形劇が大流行していた背景を考えても、フットの作品が異様なものとして観客の目に映ったことは間違いない。

よってなぜ流行の小さなサイズのものではなく、等身大人形をフットが採用したのかについては考察する必要がある。そこでまず、実際に上演が行なわれた際の舞台形状に着目してみたい。一見些末なことのようだが、本作の舞台形状は作品の構造を理解する上で極めて有用な手掛かりであり、本章の議論の出発点には適切だと思われる。

仮設プロセニアムという装置とその役割

『プリミティブ』初演時の舞台形状を検討するにあたり、スペイトによる次の記述が参考になる。

> 上演が開始される一時間前にヘイ・マーケットは、劇場に入ろうと待っている観客たちによって通行不能になっていた。ついに、扉が壊され多くの観客がチケット代を払わずに入場した。三人の女性は失神し、ある少女は混雑によって腕を骨折した。凄まじい混雑によって、オーケストラ・ピットとバルコニー席は使わないはずであったのに観客に占められ、バイオリニストは幕の後ろに追いやられた。(中略)舞台は仮設のプロセニアム・アーチによって人形劇の劇場になっていた。(Speaight 111-112)

ここでは劇場構造に問題があったこともあり当日の壮絶な状況が報告されている。特に注目したいのは、人形劇を上演するには大きすぎるヘイ・マーケットに用意された仮設のプロセニアム・アーチである。(5)

図版引用9　ディヴィッド・ギャリックの肖像（Auburn 146）
ギャリックが『リチャード3世』を演じた際の肖像画。表情の研究にも余念がなかった彼の演技術の一端を垣間見ることのできる図版である。

通常マリオネット形式の人形劇の場合は舞台上部に幕があり、人形遣いはそこに隠れて上方から糸などを使って人形を操る。『プリミティブ』の場合は、人形劇専門劇場でないヘイ・マーケット備え付けのプロセニアム・アーチに幕をつけただけでは上演が難しいこともあり、仮設プロセニアムが採用されたと考えられる。

だが、当時の英国の劇場において仮設プロセニアムが用いられたという点については改めて考える必要がある。なぜならプロセニアム・アーチは、稀代の名優ディヴィッド・ギャリック（David Garrick）らが中心となって改革が進んでいた「自然」（natural）に見える俳優の手振り、表情を駆使した演技術や書割の背景と共に、十八世紀以降の演劇を強く支えていたものに他ならないからだ。(6)

またフットはキャリアの初期からギャリックらによって牽引された演劇に対し、再三批判を繰り返してきた。

そうしたことを念頭に置きつつ、このプロセニアム・アーチの内側に仮設プロセニアムを入れ込状に設置する意味を考え

図版引用10　プロセニアム・アーチ（ドルリーレイン劇場）(Leacroft 195)
まさに額縁で囲われた絵画のように、舞台が切り取られていることが分かる。

てみたい。そこで注目したいのは、本作の四つのパートが演じられたのが舞台のどの部分であったかという点だ。

まず前口上は仮設プロセニアムの幕が閉じられた状態で、フットが登場し述べられたものである。次に、プロローグから仮設プロセニアムの幕が開きその内側に人形が登場する。そのまま内側で『パッテンズ』が演じられ、フットは前述したようにコメントを行なう。そして最後、エピローグでは人形達が連行される。もちろん人形たちは仮設プロセニアムの上方にいる人形遣いによって操られているので、そこから出る事は出来ない。だがそれまでとは一変して場面が裁判所へと変わり、フットと共に裁判にかけられることを考えれば仮設プロセニアムの《外側》に連れ出されたといって良いだろう。

このように整理すると、『プリミティブ』の劇構造についての新たな解釈を行なうことが可能になる。まず仮設プロセニアムの内側で演じられるセンチメンタル・コメディ風の『パッテンズ』が、この作品全体にとっての劇中劇として機能していること。そして仮設プロセニアムが劇中劇のための額縁として機能していいるだけでなく、その外側で展開されるエピローグの前フリとしての役割をも果たしていることである。フットはその両方の領域を自由に行き来することで物語を進行するわけだが、それは作家としての特権性故のこととひとまずは理解できる。

またこうした解釈を踏まえれば、これまで行なわれてきたセンチメンタル・コメディ批判としての読解は『プリミティブ』全体における『パッテンズ』という、劇中劇の部分だけを取り上げていたに過ぎなかったこともわかる。そしてこの仮設プロセニアムの内側で展開する劇中劇は、センチメンタル・コメディを批判するだけでなく、プロセニアム・アーチに支えられながら演技術を磨いていた当時の俳優たちのパロディとしても機能するものだったといえよう。

社会風刺としてのエピローグ

以上のことを踏まえると、人形たちが等身大であることの意味が、最もよく発揮される場面はこの劇中劇と対になるエピローグだとわかる。なぜなら『パッテンズ』が終了してすぐのエピローグで、人形たちは等身大で背丈が人間と同じであるからこそ裁判にかけられ、人間ではなく人形だからという理由で即座に釈放されるからである。つまりこの人形たちは、センチメンタル・コメディ風の劇中劇を演じることで当時の人間俳優たちの間抜けなパロディとして機能しながら、その間抜けさ故に法の網をかいくぐる存在にも成り得ているのだ。

そしてこのエピローグは先ほどまで特権的な立場にいた義足のフットが、人間でも人形でもないものだと判決を下されるというショッキングな結末を迎える。なぜ『プリミティブ』にはこのような幕切れが用意されているのか。

その意図のひとつには明らかに、当時の行き過ぎた検閲制度への揶揄がある。フットは『プリミティブ』上演時には既に劇場支配人の地位を得ていたが、一七六六年以前は検閲制度の存在に再三悩まされ多くの作品のなかで強い反発を示してきた。それを踏まえれば落馬事故により劇場の支配権を得た後もなお、等身大人形と自らの身体を使って痛烈な社会風刺を行なっていたと考えることが可能である。

すなわち『プリミティブ』は流行の作品や俳優だけにとどまらず、当時の演劇を支えていたシステムにまでフットの批判的な態度が示された作品ととらえられる。これは舞台形状から作品構造を検討し、十八世紀英国演劇を取り巻く状況を踏まえた上で、等身大人形について考察しなければ見えてこない『プリミティブ』の重要な側面であるといえる。

しかし、実はこのエピローグはこうした社会風刺だけにとどまらない、フットが抱えた身体性とも強く結び付いた場面である。それを検証するために、少し時間をさかのぼってフットが落馬事故後に発表した復帰作を取り上げたい。

十八世紀ロンドンで悪魔役を演じるということ

既に述べたように、フットは一七六六年の事故で左足を失い義足となり、切断手術を経て六八年の『二本の杖の悪魔』（以下『杖の悪魔』と略記）で、作家／俳優として舞台に復帰を果たした。そしてその復帰作の『杖の悪魔』において自らに課したのは、杖をついた跛行の悪魔というフット作品において先例のないショッキングな役柄であった。(7)

『杖の悪魔』の冒頭、フット演じる悪魔は瓶のなかに閉じ込められており、その瓶が割れ雷鳴が轟くなか、外界に飛び出していく。登場した悪魔は第一声でこんなセリフを発する。

悪魔　あなたがわたしの容姿にわずかでも衝撃を受けた事なんて、全然驚くに値しません。もっとかわいらしい外見だったらなって思ってますよ、わたしだって。(Foote 1983, 14)

これは、瓶のなかから悪魔が登場したことに驚く人物へ向けたセリフに他ならない。だが同時に、美形とは言い難いフットが義足を初めて観客の視線にさらす際のインパクトについて、自虐の意味を込めつつ発した言葉とも取れる。また悪魔を義足の自身が演じるという試みには、障害を負った身体を舞台に乗せそれを最大限活用して喜劇的効果を生み出そうとする、フットの演劇人としてのしたたかな態度が表われていると考えられよう。

そして『杖の悪魔』は当時の流行小説の舞台化であったことに加えフットの復帰作でもあり、彼の演劇キャリアにおいて最も観客を動員した作品のひとつとなった。しかしこのような表現が成立した、あるいはそう表現せざるを得なかった根拠は、フットの自虐性や演劇人としての戦略のみでは説明できないと思われる。

本章ではその根拠のひとつとして、この人形劇が上演された当時の身体を巡る文化的背景をあげたい。例えば、美術史家のバーバラ・マリア・スタフォード（Barbara Maria Stafford）は当時の身体観について次のようにまとめている。

> 十八世紀という時代が文化の全面にわたり何を最も高く評価し、何を一番侮蔑したかを知りたければ、それが何によらず混淆ということを蔑し、怖れたことをよく知らなければならない。（Stafford 211［282］）

ここでスタフォードは十八世紀西欧文化の特徴のひとつとして、身体の何が正常／異常、健康／病、美／醜かを定義し、その分類を行なったという点を挙げている。その一方で「ハイブリッド」は、形式の純粋、交配、不自然な混合といったことが気懸りな人々には特殊な問題となった」と、そうして定めた境界線からはみ出すのが混淆化、ハイブリッド化した身体であったとも指摘して

いる。（Stafford 264［348］）

すなわち、規範的身体とそれ以外をいかに峻別するかが当時の文化的トレンドの一側面であったといえる。

その一方、いやそうした身体を巡る意識があったからこそ、十八世紀ロンドンで見世物文化が隆盛を極めていたことは見逃せない。それは広場で行なわれることもあったが、見世物の会場として専用に建てられた建物がなかったので、居酒屋のような場所が選ばれることも少なくなく、時として場所の取り合いが起きるほど至る所で盛んに披露されていた。

先述した人形劇の流行などはこうした機運にのって起きていたわけだが、当時の見世物を巡る状況については英文学者のリチャード・オールティック（Richard Altick）による次の記述が参考になろう。

英国人の見世物好きをみると、彼らは、かくあるべきである物を見たがる代わりに、むしろ、かくあるべきでない物を熱心に見たがるのだと思いたくなるのではあるまいか。どのみちあまり役にたつ動物ではないにしても、四つ脚の猫は見向きもされない。ところが、脚が二本しかなく、したがって、鼠を捕まえられない猫であると、これは、この上もなく貴重なものと見なされて、眼識のある人物がこぞって、競売価格をつり上げることを辞さぬのだ。（Altick 49［136］）

ここでオールティックが述べるように、十八世紀ロンドンの見世物において、むしろ「かくあるべきでない」ものが喝采を浴びていたという点は注目に値する。なぜなら前述したように身体の規範化に躍起になる一方で、そこから逸脱したものたちによる見世物に夢中になるというアンビヴァレントな態度がここには見出せるからだ。

そして、こうした状況が本書と無縁でないのは文化史家のアンリ=ジャック・スティケール (Henri-Jacques Stiker) が指摘するように、十八世紀当時のヨーロッパでは、「障害のある身体が奇形とみなされる」ことも少なくなかったからに他ならない。(スティケール 338)

そうした身体を巡る文化的背景を踏まえると、『杖の悪魔』においてフットが自らを怪物として描き喜劇を創作したという自虐性や、喜劇作家としてのしたたかさに加えて重要な、作品の十八世紀的側面が浮き彫りとなる。すなわち十八世紀という時代に木の義足を装着した俳優が舞台にあがるには、悪魔という怪物に変身する必然があったということである。その背後にあるのは十八世紀という時代における混淆化、ハイブリッド化した身体への嫌悪であり、非規範的身体への強い興味に他ならない。そうした十八世紀ロンドンに漂っていたアンビヴァレントな関心のありようと合致したことは、『杖の悪魔』の興行的成功の一因といえよう。

こうした議論を踏まえて『プリミティブ』を考察するには、『杖の悪魔』においては悪魔役であったフットが今度は劇作家の本人役で登場しているという点に着目する必要がある。フットは、過去作においても自身の太った体型や美形とは言い難い顔をしばしば武器にしていたのだが、『プリミティブ』のエピローグでは、女装や悪魔といった形で虚飾することなく本人役で舞台上に登場している。その点についてはどう解釈すべきだろうか。

それを検討するにあたり、歴史学者のピーター・ストリブラス（Peter Stallybrass）とアロン・ホワイト（Allon White）による議論が参考になる。ストリブラスらは、十八世紀西欧文化が嫌悪した身体のハイブリッド化がもたらすものについて次のように述べている。

> ハイブリッド化は（中略）項と項の間に新しい組み合わせを生みだし、今まではなかった関係を構築することによって、固定した意味の体系に揺さぶりをかける。このことによって、体系を支える項そのものが動揺する可能性が生じ、その体系をかたちづくっている関係が消去されたり、問い直されたりするのだ。（Stallybrass and White 58［84］）

この引用を参照すると、『杖の悪魔』においては巧みに隠蔽されていたものの『プリミティブ』において表出することとなった、フットの身体の十八世紀的な意義について検証出来る。すなわち、フットは十八世紀末に「固定した意味の体系に揺さぶりをかけ」うる人間と人間以外のもの、標準と非標準の二項の境界を侵犯する「ハイブリッド化した身体」を得た。それを、事故後の復帰作である『杖の悪魔』においては跛行の怪物という役柄を利用して提示した。そして『プリミティブ』のエピローグにおいては義足の身体をもつ自身を人間にも人形にも分類できない本人役として登場させることで、やや露悪的に描いたと考えられるのである。

ここまで十八世紀の文化的背景を踏まえ、フットの義足の身体をそのなかにいかに位置づけ得るかを検討してきた。しかしフットの義足の身体が提起する問いは、スタフォードも「十八世紀人士の、何が外で何が内か、欠落とは何、完全とは何という観念は二〇世紀末になおも余端を保っている」と述べる通り、十分今日においても有効である。(Stafford 213 [284])

そこには《どこまでがわたしの身体か》という、今日のわれわれにとっても切実な主題が潜んでいる。そればかりか、『プリミティブ』におけるフットの身体のありようは、彼の人形観と強く結びつくものでもあり本書にとって見逃すことは出来ない。

補綴とは何か

ここからフットの義足の身体の今日的意義について考察するために、まず補綴を巡る議論を参照したい。もちろんフットの義足は、今日補綴という用語によって問題にされるような機能も見栄えも持っていない。

しかし、彼が『プリミティブ』のエピローグで描いた、足が義足であるため人間であるか人形であるか判断不能、という一見荒唐無稽なエンディングを思い出してほしい。ここで木の義足は明らかに、歩行のための補助器具という役割をこえて、どこまでがフットの身体であるかを図らずも問うてしまっている。よって補綴を巡る議論を補助線に、フットの身体がはらむ今日性を明らかにしていきたい。

そもそも補綴とはprosthesisの訳語で、義肢や義歯、人工臓器など、欠損や機能不全を起こした身体部の代替物を意味する。第一次世界大戦による戦傷者の社会復帰を促す目的で技術が爆発的な進化を遂げ、単なる間に合わせの治療としてではなく身体拡張の可能性のひとつとして補綴がしばしば取り上げられるようになった。

今日ではiPS細胞などによる再生医療の発達もあって、臓器やその他の身体器官にまで補綴の意味範囲は広がりつつある。またドイツの走り幅跳び選手であるマルクス・レーム（Markus Rehm）は、右下肢が義足であるが、二〇一五年一〇月の世界選手権で八メートル四〇センチの跳躍を見せ、一二年のロンドン五輪の金メダリストの記録を九センチも上回った。(8)

こうした事例を見聞すると補綴のめくるめく可能性に思いを馳せてしまうわたしがいる。だが身体文化研究者のヒーザー・R・ペリー（Heather R. Perry）が、工場で働く義手の男のエピソードを例に述べるように、補綴を巡る議論の行き着く先にはしばしば懸念も示されている。

補綴物によって、切断手術を受けた人物が器具の一方を自分にもう一方を機械に接続すると、その男の身体は徐々に彼の仕事と融合を果たすことになる。能率を探求した結果、人間と機械の境界が不鮮明になったのである。（中略）労働者は彼の機械にとっての生きている付属物、もしくは「人間補綴物」以外の何ものでもなくなってしまうのだ。（Perry 89）

確かに、ここでペリーが示唆するような人間が機械を補綴する世界は、既にわれわれにとって絵空事ではない。こうした身体の抱える可能性と課題を描いた作品を、非現実的だと笑い飛ばすことはもはや難しいことからもそれは明らかである。

例えばブルース・ウィリス（Bruce Willis）主演で二〇〇九年に映画化された『サロゲート』（*Surrogates*）では、多くの人々が脳波によりサロゲート（＝代替）と呼ばれるロボットを動かし生活を送る近未来が舞台だ。

容姿端麗で身体能力も高く、サロゲートに何があっても操作者に危険が及ぶことがない（とされている）ため、街はロボットで溢れかえっている。元は医療用に開発されたサロゲートが世界中に広まり、犯罪率が低下し伝染病、人種差別も影をひそめるなど一見理想的な世界が描かれる。

だが一方で、人々はサロゲートを自在に操っているように見えて、強く依存してもいる。彼らは旅行や遊興、近場への外出ですらもサロゲートなしには行なえず、そこではまさに人間が補綴物と化しているといっていい。本書執筆時点においてサロゲートはまだ辛うじてSFの範疇であるが、ネットワークを駆使した遠隔通信やＶＲ技術の発達の先にこうした未来が待っていないとは言い難く、本作が投げかける問題は決して無視できるようなものではない。

　こうした議論は、フェミニズム研究者のダナ・ハラウェイ（Donna Haraway）によるサイボーグ論を想起させる。ハラウェイは、二〇世紀後半に著しく発展した先端テクノロジーが自然と人工、精神と身体の差異だけでなく、これまで機械と生物の間に適用されてきた差異の全てをことごとく曖昧化したと述べる。そしてハラウェイは、人間は理論的にも実質的にも機械と生物のハイブリッド化を遂げ、既に「わたしたちはサイボーグなのだ」と宣言した。（Haraway 150［288］）

　かくいうわたしもサイボーグである。わたしはスマホの地図アプリを頻繁に利用するが、そのせいで道路名や道順を以前より覚えなくなった。これはスマホが、かつてわたしの脳の記憶領域が果たしていた役割を代替するようになった結果であり、今となってはこれらなしに生活する

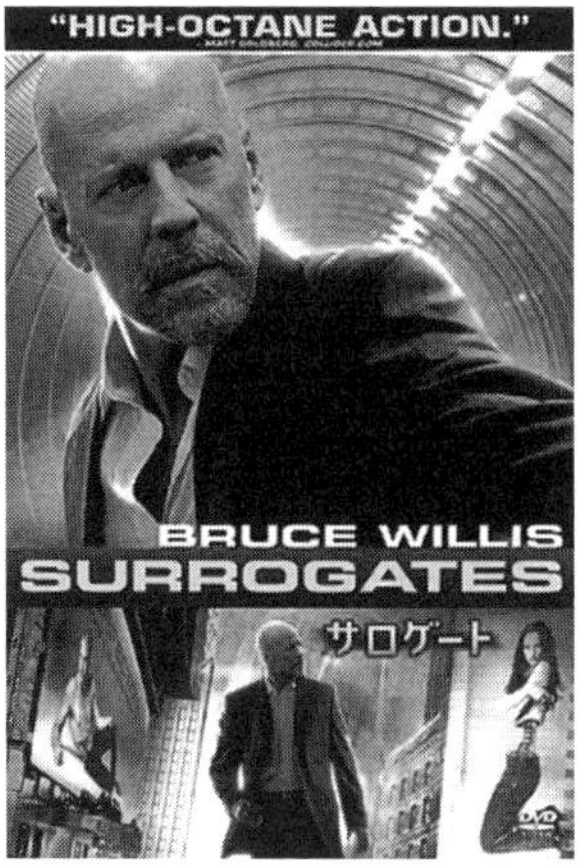

図版引用11　ＤＶＤ『サロゲート』ジャケット（監督ジョナサン・モストウ）２０１１年発売
販売元　ウォルト・ディズニー・ジャパン
ブルース・ウィリス演じるトムはサロゲートが蔓延した社会に疑いを持っているため、自分そっくりのサロゲートを使用している。だが、そのサロゲートは実際のトムよりも若く、髪がふさふさで、図らずもわれわれはサロゲートというメディアを通じてトムが言語化し得ない《本人》のありようを知ることができる。

ことなど考えるだけでも恐ろしい。つまりここで、わたしはこれらのテクノロジーに強く依存しており、もはやそれを切り離して生きていくのは困難で、これはハラウェイがいうところのサイボーグに他ならない。

またサイボーグ研究者の高橋透は二〇世紀後半以降、このハイブリッド化によって「人間以外のものを人間よりも下位にあるものとみなし、もっぱら人間を最上位の地位にあるもの」とすることで保ってきた「人間の尊厳」や「人間性」までもが疑わしいものとなったと述べる。（高橋透 149）

ここで疑義を突きつけられている「人間の尊厳」や「人間性」とは、いわゆる西欧近代がデカルトなどに依拠して、人間とそれ以外、精神と肉体などを二元論で峻別し、その前者に優位を与え育んできたものに他ならない。

そうか、わたしもスマホの便利さと引き換えに人間としての尊厳を捨てたのかもしれないのか（もともとそんなものは持ち合わせていなかった可能性もあるが……）。

プリミティブなサイボーグ

寄り道が過ぎたかもしれない。だがこの補綴やサイボーグといった現在進行形で議論されている身体の境界を巡る問いは、十八世紀後半に書かれた人形劇『プリミティブ』のエピローグにおいて生々しく提示されていたと考えられる。

フットは、十八世紀後半に発表した人形劇のエピローグで、身体なしの義足も義足なしの身体もいずれか一方を取り出すことが不可能な義足の身体をさらす。この木の義足を補綴した喜劇作家は、先端テクノロジーには遠く及ばないいままさに《プリミティブ》な存在である。だが同時に、ハラウェイがサイボーグという概念によって突き崩そうとした、西欧近代の二元論的身体観の解体を既に予見している。

すなわち『プリミティブ』に描出されているのは、従来の人間と補綴物の間に結ばれていた主客の関係が転倒し、混合体《キメラ》となった作家／俳優の姿に他ならない。そして『プリミティブ』のエピローグで描かれる義足から身体を／身体から義足を切り離すことができないフットが体現したのは、いびつな中間項としての、《プリミティブなサイボーグ》と呼び得るものだ。

こうした議論を踏まえれば、既に指摘した俳優への批評性や検閲制度への揶揄にとどまらぬ本作に潜む主題も明らかにできる。結論を先にいえばそれは、演劇という営みそのものへの疑いではないだろうか。

それを考察する上で重要なのが、仮設プロセニアムである。先に、この内外を《自由》に往来するフットが作家であることを根拠に、彼に特権性が与えられていたと指摘した。だがここまでの議論を経た上で仮設プロセニアムの内側は人形の領域、外側は裁判が行われる人間の領域であったことを考えれば、また別の解釈が可能だ。すなわちこの特権性とは、フットの身体がその両者の性質をもつ《不自由》なハイブリッドだったからこそ得られるものだったととらえ直すべきだろう。

そしてこのフットの身体性を引き出す役割を果たすのが等身大人形である。前述したように、人形たちが等身大であることの意味が最もよく発揮されるのがエピローグで、人形たちは等身大で背丈が人間と同じであるからこそ裁判にかけられていた。

しかしこれもここまでの議論を経ればまた別の解釈が可能だ。つまり当時の技術を用いて製作、操作され、さらに衣装を着用した木製の等身大人形たちもまたフット同様に《不自由》で、人形遣いと人形の間に結ばれるはずの主客関係を転倒させてしまうような存在であった。その点においてフットと等身大人形は極めて近しい存在といえる。だからこそ両者はエピローグで並置され、フットの人間でも人形でもない身体性を暴く役割を等身大人形が果たし得たのである。

ではなぜこんな《不自由》な演技者が登場する場面が成立したのか。その根底にあるのは、フットによる演劇そのものへの疑いであろう。前述したように、フットはキャリアの初期から一貫して、ギャリックに代表される同時代の俳優たちを批判していた。ギャリックたちは演技が「自然」に見えるように、表情や動作をいかにコントロールするかに腐心していたわけだが、しばしば指摘されるようにここにはデカルト的心身二元論の小さからぬ影響を見出すことができる。そこでフットは主客の転倒した《不自由》な木製人形や義足の俳優を使って、そうした演劇的潮流を改めて批判したのである。

これはフットにとっては同時代に活躍する演劇人たちへの攻撃に過ぎなかったはずだ。だがギャリックの目指した「自然」な演技は（もちろん手法や理念や時代背景は大きく変わっていくので同一視はできないものの）、十九世紀末から二〇世紀初頭にかけてヨーロッパ演劇界を席巻するリアリズム演劇の重要な要素となっていく。そうであるならばフットの人形劇は、結果としてヨーロッパ演劇がその後歩んでいく営みそのものまでをも、先回りして批評するものに他ならなかったのではないか。ショッキングな結末を迎える一見不可解な『プリミティブ』のエピローグの真価は、まさにそうした点に見出せよう。

以上、フットの『プリミティブ』を、等身大人形やフットの身体性と結びつけ考察することで捉え直してきた。ではこの作品及びフットの人形観は、人形劇の系譜のなかでどのように位置づけられるのだろうか。

「自然」な人形劇というトレンドへの疑い

ヨーロッパ近現代人形劇研究の第一人者であるヘンリク・ユルコフスキ（Henryk Jurkowski）は、人形劇について「人形遣いが、人形それ自身の生命、もしかすると魔術的生命さえも持った人間ととらえられるような方法を追究してきた」歴史の産物と定義している。（Jurkowski 1988, 54）

またこうも述べている。「人形は生きている人工物であり、まるで生きているかのように見せることが人形遣いの〈芸術的な〉努力目標であった」。(Jurkowski 1996, 70)

こうした引用からは、人形遣いによって人形を人間にいかに近づけるか、その模倣をいかにして達成するかということが重要な課題とされてきたことが分かる。人形遣いが人形に「まるで生きているかのよう」で「自然」な演技をさせるために、操法や機構を発達させその動作を完全に掌握することを目指してきたというのが、人形劇史の重要な一側面なのである。(6)

そうした志向性は、本章でも言及した通り、十八世紀英国を代表する人形遣いのマーティン・パウエルらにも見られた。すなわち観客に姿を見せず上方から糸で操作するというマリオネット形式において重要とされていた価値観に他ならない。そして、一九世紀末から二〇世紀初頭にかけて流行していたリアリズム演劇の要素を取り入れた人形劇において、この「自然」な人形への志向は頂点を迎えることとなった。(Jurkowski 1996, 331)

こうした人形劇の系譜のなかにフットを位置付け考察するにあたり、著名な人形遣いであるロマン・パシュカ(Roman Paska)と演劇研究者のスティーブ・ティリス(Steve Tillis)による記述は参考になる。解説を加えながら論点を整理しよう。

まずパシュカは、人形劇において重要なのは、人形の「他者性」(otherness)をいかに表現できるかであると指摘する。ここでいう他者性とは、「人形に元々備わっているリアリズムへの抵抗」により、そのモノとしての側面が露わになることで生じるとされる。元々人形劇の観客は、人間の俳優ではなく、人形という身近でありながら素材や機構がわれわれとまるで違う「他者」を見るために劇場へ足を運んでいたはずだった。しかしながらユルコフスキも指摘していたように、ヨーロッパ人形劇の歴史においてしばしば人形は人間の真似をさせられてきた。更にそれを観客が受け入れることで、人間にはできない動作や表情が持ち味であるはずの人形の魅力は損なわれてしまった。パシュカは、この他者性こそが人形にとって最重要であるにもかかわらず、長きに渡り人間の模倣をする方法ばかりが探求された結果、既に失われて久しいと結論付けている。(Paska 411-412)

このパシュカの議論を引き継ぎつつ、ティリスは、人形には客体、モノとしての側面と主体としての二つの側面があると指摘する。そして操られるモノでありながら、観客からは生命があるようにも見えるという「揺らぎ」(oscillation)を、人形が持つ「二重視」(double-vision)と呼んだ。

ティリスはこの二重視について、全ての人形が抱えている性質であると述べる。一方で、舞台装置や人形の素材等に工夫をして、人形遣いが観客から隠れ巧みに操作するヨーロッパ人形劇においては、この二重視があまり歓迎されてこなかったという。なぜならヨーロッパ人形劇においては、人形を「まるで生きている」ように見せ、モノとしての側面を隠し、観客に二重視させないことが重要課題のひとつとされてきたからだ。ティリスは、そうしたヨーロッパ人形劇を取り巻く状況に著作の中で疑義を示している。(Tillis 64-65)

フットの人形観とは

こうして、パシュカとティリスの観点を踏まえることで改めて浮き彫りになるのは、ヨーロッパ圏において重視されてきた人形観へ異議を申し立てるようなフットの人形の存在感だ。

フットは既述の通り「まるで生きているかのよう」には決して見えず操作困難な等身大人形を採用していた。これはパシュカとティリスの言説を借りれば、人形に潜在する「他者性」を隠さず寧ろ過剰に前景化しながら、一方でそれを生きた登場人物として扱うことで、「二重視」を積極的に喚起してしまうようなものだったといえる。

そうした試みはフットにとって喜劇的効果を生むための手段であった。だがここまでの議論を踏まえれば、それが同時に、パウエル以降加速していくこととなる「自然」な人形劇への本源的な疑義を提示するもので、フット独自の人形観に根差した表現として評価されるべきだろう。そして、この観点が演劇への批評性と結びついたことで、『プリミティブ』のような他に類を見ない作品が生まれたのである。

人形とは操りがたいものなのだ、きっと

以上、十八世紀ロンドンで活躍したサミュエル・フットのある特異な人形劇を取り上げ、その

独自性について明らかにしてきた。わたしが彼の名を知ったのは大学四年の卒論執筆時だったが、作品に触れたことで人形／劇の捉え方を力強く揺さぶられ、かつてなく気分が高揚したことを今でも思い出す。

またこうした議論を踏まえれば、本章の冒頭で述べたパリの公園で出会った人形劇とロワイヤル・ド・リュクスのパフォーマンスの決定的な差異も浮き彫りになる。それはすなわち、ティリスの言葉を借りれば人形劇がはらむ「揺らぎ」に対する扱いの違いということになるのではないか。

パリの公園の人形劇では、眼前で騒ぐ子どもたちに遣い手たちが微塵も目をくれず、おそらくは昨日や一昨日もそうしたように人形を操っていた。操作は巧みだったし、事前収録された音声ともタイミングは見事に合っていたが、実は遣い手が人形を操り、その人形がモノに過ぎないという「揺らぎ」は極力、見せないようにシステム化されていたように思う。

一方でロワイヤル・ド・リュクスは、一〇メートル以上もある巨大人形の足元で、多くの操り手たちがワイヤー等の器具をまるで従者のように操作するのが特徴だった。これでは巨大な人形たちが遣い手に操作されたものであることは隠しようもない。彼らは「揺らぎ」を隠さず、むしろ観客にその振り幅を「二重視」させていた。そうであったからこそ『スルタンの象と少女』の観客たちは、少女が人形であることを自覚しながら、遣い手の操作に反発するような仕草やその視線に愛おしさを覚えずにはいられなかったのだろう。そう考えればロワイヤル・ド・リュクスは、フットの人形劇の血縁者のようなものといえるかもしれない。

また前章で取り上げた『トイ・ストーリー』シリーズにも、フットの人形劇のＤＮＡは受け継がれている。『トイ・ストーリー』のオモチャたちは、モノとして／生物としての二重の生を授かっていると指摘した。われわれはスクリーン上で、まさにその間の「揺らぎ」を「二重視」するわけだ。そして何より重要なのは、ウッディとアンディ両方の決断によって未来を選択するという第三作の結末である。ここでの《共犯関係》は、人間が人形を一方的に支配し人形はそれに無力に従うだけではない、フットの人形観に呼応するような間柄に他ならない。こうして、あまり顧みられてこなかった人形の特性に着目するきっかけやヒントを、フットの人形劇がわれわれに教えてくれるのである。

そうはいいつつ、ここで改めて強調しておきたいのは、フットという作家／俳優の志向した演劇のあまりのばかばかしさである。前述してきたように、彼は稀代の喜劇作家／俳優として、俳優や演技、極言すれば演劇そのものを批評してしまうような作品を発表した。それを指摘することは演劇研究における極めて重要な成果だろう。その一方で、等身大の厚紙人形や木製人形を駆使して出来上がったのが、彼の眼前にいたロンドンの観客たちをなんとか笑わせようとするための即物的なものであったことも忘れてはなるまい。

これまで人形文化が学術的にさほど注目を浴びてこなかった理由のひとつは、子ども向け／大衆向けの存在であるとして顧みられてこなかったという点にあろう。ではそれを評価するにあたりその学術的／芸術的意義だけを取り上げればよいのか。わたしはそうは思わない。そうではなく、人形の気高さや美しさと、俗物性やばかばかしさの両方を見つめ、その声に耳を澄ませること、それこそが本書の目指すところである。

　フットによる、操作困難な等身大人形を用いた実験喜劇はまさにそうした意味で本書の出発点にふさわしい。そんなアプローチにいかばかりかの価値があるかは、今後本書で様々な人形やその文化を取り上げていくことで示していくつもりである。

【註】

1　わたしは蜘蛛のパフォーマンスを見るために連日足を運んだが、開港博自体は最終的に二〇億円以上の赤字を出すこととなったそうだ。横浜出身の学生に当時のことを聞くと、皆「開港博は黒歴史」と口を揃えるのが印象的。

2　当時の英国で最も人気のあった人形劇のひとつである「パンチ＆ジュディ」には明確な台本があるわけではないので、上演する人間や地域によって、登場人物やプロットが異なるが、あらすじは概ね次のようなものである。パンチは三角帽子をかぶったカギ鼻で猫背の男。醜いジュディを見るや「なんて美人なんだ」と声をかけ、二人は夫婦となり子どもが生まれる。生まれた赤ん坊がなかなか泣きやまないのでパンチは赤ん坊を投げ捨てる。それを知ったジュディはパンチを棍棒で殴る。怒ったパンチはジュディを棍棒で殴り殺してしまう。パンチは殺人を犯したので死刑を宣告され、地獄に送られる事になる。首吊り台で死刑が行われる事になるがパンチが執行人に「どうやって首をくくれば良いのか?」と聞く。「こんなふうにやるんだよ」と執行人は首にロープをかけ、まんまとパンチに殺されてしまう。すると悪魔が登場し、パンチを地獄に送ろうとするが、なんとかたぶらかし、結局悪魔も殺し事なきを得る。

3　前口上やエピローグを含んで『パッテンズ』と呼んでいる当時の新聞などもあるが表記が一定ではないため、本書では前口上やエピローグを含んだ作品全体を『プリミティブ』、人形劇によって演じられるこの部分のみを『パッテンズ』と呼ぶ。

4　センチメンタル・コメディとは「中産階級の嗜好」にあわせ「道徳的な堕落をよしとせず、寛大さ、慈善行為、上品さ、などの美徳を称えて、勧善懲悪的な」プロットを有し「観客の同情と涙を誘うような改悛の場面がクローズアップ」され「ハッピーエンディングで締めくくられる」物語を指し、十八世紀英国で数多く上演されていた。(清田 40)

5　プロセニアム・アーチとは、劇場に備え付けられた舞台を囲う額縁のことを指す。演技空間と観客を区別する役割を担っており、しばしば十九世紀から二〇世紀にかけて勃興したヨーロッパのリアリズム演劇を象徴する装置として捉えられる。

6　具体的にギャリックがどのような演技を披露していたのかについては、分からないことの方が多い。だがその一端が窺える資料として、一七四四年にギャリック自身が書いた『演技についてのエッセイ』を参照しておこう。ここでギャリックはベン・ジョンソン（Ben Johnson）の『錬金術師』（*The Alchemist*）という作品における端役の薬売り、エイベル・ドラッガー（Abel Dragger）を例にとってその演技術のエッセンスをまとめている。ここで取り上げられているのは、舞台上で長々とふたりの人物が対話する間、錬金術師のテーブルの上にある貴重な瓶に気づいたドラッガーが、瓶を持ち上げ観察をしているとそれをうっかり割ってしまうという場面である。そしてギャリックは貴重な瓶の値段についての思いと自分に課せられるかもしれない罰について、ドラッガーがどのような動揺を示すだろうかと問いつつ、恐怖に直面した時の動作について次のように述べている。

目は見るのが恐ろしいものから逸らす必要がある。それと同時に、下唇がその対象に向け下がることで筋肉全体に無気力が生じ、頭部の右側を傾けることで、上半身全体に想像可能な、もっとも喜劇的な恐怖と恥ずかしさが宿る。また下半身も同様に滑稽にするため、左右のつま先が互い違いになっていなければならない。息を詰めることで、必然的に両膝が震えている。そして同時に手指が痙攣しているように見えれば見事に完璧な最後の仕上げとなるだろう。（Garrick 7-8）

ここからも明らかなように、ギャリックは演技をかなり構造的にとらえていた。もちろん観客にこうした緻密さが伝わっていたとは考え難い。だが登場して自分の台詞を朗誦して退場するのみと揶揄されたような古臭い演技（もちろん当時のギャリックらにとっての）に比べ高く評価されていたのは事実である。当時の劇評などで彼の演技は先人たちに比べ「自然」としばしば評されており、（もちろん今日の《自然な演技》が与える印象とは大きく異なるものであったろうが）一定の効果はあったと考えられる。

7　『杖の悪魔』の原作は、十八世紀を代表するベストセラーのひとつであるアラン＝ルネ・ルサージュ（Alain Rene Le Sage）の小説『跛の悪魔』（*Le Diable Boiteux*）である。悪魔が登場する場面についての以下の一節からは、フットがどのような相貌の悪魔を演じようとしていたかをうかがうことが出来よう。

> 壜は粉々に割れ、床に黒ずんだ液体が流れ出し、少しずつ蒸発して煙となったかと思うと、たちまちに消え失せ、呆気にとられた学生の前に、身の丈二尺五寸あまり、二本の松葉杖に身を支え、マントをまとった人間の形をしたものが姿を現した。この跛の小怪物は山羊の足をし、面長で、顎はとがっており、頭は黄色いところがあるかと思えば、所どころ黒いところも見られた。鼻はとても押しつぶされており目は極めて小さいようだが、かっかと燃える二つの炭火にも似ていた。大きく裂けた口の上には赤毛の口髭が鉤型に生えており、またとてつもなく厚い唇が突き出ていた。（ルサージュ 139）

8　ちなみに、レームは二〇一六年のリオデジャネイロ五輪出場を熱望したが、「義足が競技へ有利に働いていないことの証明」を課せられ、結果的に断念を余儀なくされた。

9　もちろん、どんなに人形遣いが技術を磨いても、人形を人間に見間違える観客ばかりが発生するというような事態は想像しづらいわけだが、あくまでもそうした理念が共有されていたという事実は重要だと思われる。

第二部　着ぐるみから超人形へ

■観世寿夫の能面論

能面、殊に女面が小型に作られていて、演者の素顔、たとえば顎などが少しはみ出てみえることはとても大切なのかもしれない。なぜなら、役者の内面と役者が感じる面の力が闘争するだけでなく、役者の肉体と無機的な木彫品である面との反発のし合い、闘い合いが、そこに象徴されるからである。(観世 196-197)

■ゴードン・クレイグの息子による伝記

今日、私は父のスケッチや原稿に目を通すと、父が書きつけた記録に潜んでいる興奮と情熱に捉えられる——それは美の啓示、常に啓示であり、常に劇場芸術の発展である。父が自らの作品に注ぎ込んだ熱意と献身は、ここに秘められている。そして、彼の言葉を辿り、あるいは一枚の走り描きのスケッチを目にするなら……そう、彼は再びそこに存在する。そして、かつての興奮が再び始まるのである。(Craig Edward 366［462］)

第三章　着ぐるみ身体論序説

着ぐるみについて考えはじめる

本章では、ゆるキャラやテーマパークのマスコット、特撮映画などでおなじみのいわゆる《着ぐるみ》について考えてみたい。(1)

一見ばかげた対象にも思える。だが、人形の中に人間が入るという特異な形式ではあるが、これもまた人形劇の一種に他ならない。しかも、例えば本来四足歩行であるはずのネズミを、人間が着ぐるみをまとって二足歩行により表現しようとなれば、パペット形式やマリオネット形式とはまた異なる困難があろうことは容易に想像がつくはずだ。(踊ったりパレードしたり楽器を演奏したり、次々やって来るゲストを接待しなければならないとすればなおさらだ)

つまり、着ぐるみによって何かを表現しようとするとき、そこには低くないハードルがある。フロリダや千葉に居を構える例のネズミの場合は、厳しいトレーニングにより一挙手一投足を規律化することでそのハードルを乗り越えようとするかもしれない。それでもわれわれは、その見事なネズミに舌を巻きながら、しばしば汗だくで躍動する《中の人》に思いを馳せてしまう。そうした場合、人間と着ぐるみ双方の組み合わせによってしか生まれ得ぬ《着ぐるみ身体》とでも呼ぶ他ないものが、そこに現れているのではないか。

そうであるならば、着ぐるみについて考えることは、その特異な人形劇形式に目を向ける機会となるばかりか、人形と人間のあいだについて前章までとはまた別の角度から検討することにもなろう。見た目はかわいらしいが、案外見逃せぬ対象である。そこでまずは身近な着ぐるみについて考えることから始めてみたい。

ガチャピンVSふなっしー

早速だが、ガチャピンが気持ち悪い。

フジテレビ系列で一九七三年に放送開始された『ひらけ!ポンキッキ』に出演してから早数十年。未だに一定のメディア露出がある、全身グリーンで腹部がパステル縞模様に彩られたあの恐竜もどきである。隣にいる赤くて毛むくじゃらのムックも十分アクの強いキャラクターだが、

不思議とそちらは気にならない。とにかく幼少の頃から、ガチャピンに馴染めぬわたしがいる。(2)

そうしたガチャピンへの思いを拭えぬまま幾星霜。船橋市の非公式マスコットである梨の妖精ふなっしーが過剰なまでのメディア露出をする姿を目にしてふと気付いた。ふなっしーは気持ち悪くない。いや、むしろ好きだ。同じ着ぐるみのキャラクターなのにガチャピンとふなっしーは何が違うのだろうか。

これは講義のネタになりそうだと、ガチャピンとふなっしーに関する書籍やＤＶＤを片っ端から購入し考えはじめた。ガチャピンは相変わらず各種スポーツに挑戦し目覚ましい成果を上げ、果ては宇宙ステーションにまで活動の場所を広げている。一方、ふなっしーもまた様々なチャレンジをしている点では同じなのだが、彼が奇声をあげながら見事な跳躍を見せつつ、《イリュージョン》と呼ばれる芸当をするのを目の当たりにして、わたしは両者の決定的な違いに気づいた。

図版引用12　ＤＶＤ『ガチャピン・チャレンジシリーズ　ベストセレクション』ジャケット　２０１３年発売　販売元　ポニーキャニオン
苦手とはいっても、ＤＶＤ内でカンフーやフィギュアスケートを見事にやってのける彼の姿には舌を巻かざるを得ない。ガチャピンの将来に幸あらんことを。

《イリュージョン》とは、ふなっしーが《食事》をする際に背中にあるファスナーをあけ、そこから食べ物を入れてもぞもぞしながら食し、味の感想を言ったり、食べ物の熱さへのリアクションをしたりという楽屋オチ的な芸だ。テレビのバラエティ番組に多数出演するふなっしーらしいふるまいのひとつといえるが、ここに彼のオリジナリティが集約されている。

着ぐるみ身体における《透け感》

つまり(野暮なことをいうようだが)、ガチャピンは挑戦する種目によって《中の人》が変わり、あとから声優が声をあてる方法をとっている。それに対し、ふなっしーは目の前の出来事に対しその場その場で対応し、喋り、跳躍し、果てには声の主であり動作の担い手である《中の人》の存在すらも積極的に暴露してしまう。

《中の人》を極力透かさず、その都度変更可能なのがガチャピンで、透けて見える《中の人》と着ぐるみの強固な結びつきなくしては存在し得ないのが、ふなっしーなのである。そんな彼らは人間と着ぐるみの組み合わせにより生まれる《着ぐるみ身体》の体現者だ。そして《中の人》が絶妙に透けている感じ、いわば《透け感》を楽しむという、着ぐるみ身体に対するひとつの見方をわたしに教えてくれたのが、他ならぬふなっしーであった。

実はふなっしーを見るまでわたしはあまり真面目に着ぐるみについて考えたことはなかった。

だがよく観察してみれば、それぞれの着ぐるみ身体における《透け》度合いは、キャラクターの性質によって調整されている。

例えば今日の着ぐるみの主流は、ガチャピンのような《透け感》弱め志向だ。全国各地にいるゆるキャラを思い浮かべてほしい。プロを雇える自治体もあるかもしれないが、大半は役所関係者が《中の人》を担当している。見た目はもちろんだが、いわゆる素人が中に入るわけなので、どうしても《透け》が強くなってしまいがちだ。

ガチャピンは巧みな映像編集に声をあとからかぶせ、また例のネズミは声とハードな訓練によって《透け》の抑制に努める。そこまではできない大半のゆるキャラは、喋りを封印することで《透け》を弱めることを目指す（もちろん、それでも《透け》てしまうところにゆるさが生じるわけだが）。

図版引用13　DVD『ふなのみくす2 ～ナッシーバカンス沖縄編～』ジャケット　2015年発売
販売元 ユニバーサルミュージック
ここでは《イリュージョン》を駆使して沖縄そばを食べるふなっしーの姿を見ることができる。やり取りも軽妙で、さすがふなっしーである。

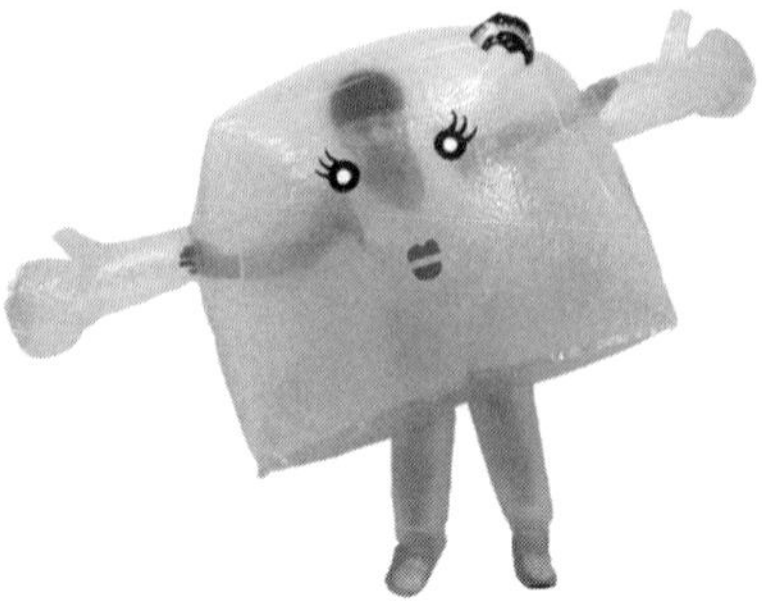

図版引用14　わらび舞妓ちゃん
（ゆるキャラグランプリ公式ウェブサイトより）
いわゆる出オチのようなキャラクターだが、ゆるキャラ界に一石を投じているのは間違いないと思われる。

一方で、ふなっしーのように《透け感》強め志向のゆるキャラも数は決して多くないが存在する。例えば京都の非公式ゆるキャラ、わらび舞妓ちゃんは最適な例だろう。チョコレートプラネットという吉本興業所属のお笑いコンビによるコントキャラクターなのだが、わらび餅をモチーフにしているだけあって透明度が高い。

いや、実際見ると、《透け感》どころの騒ぎではない。白いタンクトップを着たおかっぱ頭の《中の人》（松尾駿）がはっきりと見えているではないか。彼は透けながら、躊躇なくおにぎりを食べ、水を飲む。これは、ふなっしーのイリュージョンの進化系とでもいうようなあまりにも極端な例だが、《中の人》を積極的に透かすことで他と一線を画したキャラクターとなり得ていることは間違いない。

このようにして着ぐるみは目指すキャラクター性によって、《中の人》の《透け》度合いがそれぞれ異なる。前章の議論も援用して考えるならば、前者は人形の他者性を弱める志向、後者は人形の他者性を強調する志向を持っているといえよう。

ではこの《着ぐるみ身体》はどこからやってきたのか。日本の祭りや伝統芸能にそのルーツを見出すことは可能かもしれないが、わたしの力不足もあって資料も先行研究もさほど見当たらず、本書ではそこまで明らかにできない。そもそも着ぐるみについてなど、誰も真剣に考えたことはないようだ。

しかし実は、世界でもっとも有名な怪獣映画『ゴジラ』における着ぐるみは優れた《透け》を体現している。もちろん、ガチャピンやふなっしーとはまた異なる《透け》度合いなのだが、『ゴジラ』以降、日本における特撮映画では着ぐるみが定番となったことを考えると、まず手を付けるにはうってつけの題材ではなかろうか。本章で明らかになるはずだが、ゴジラが人形によって描かれていたという事実はそのキャラクターを構成する重要要素のひとつであるため、今後《着ぐるみ身体》を本格的に取り上げていくための試金石としたい。

『ゴジラ』（一九五四）について

一九五四年十一月三日に劇場公開された監督本田猪四郎、特殊技術円谷英二の映画『ゴジラ』は、興行収入一億五二一四万円（当時の入場料は六〇円程度）、観客動員九六一万人（当時の日本の人口は八二三九万人）を誇り、元祖日本怪獣特撮映画として知られている。

その後シリーズ化し、二〇一六年夏の『シン・ゴジラ』を含め国内で二九作、ハリウッド製

図版引用15　DVD『ゴジラ』（監督本多猪四郎）ジャケット　2001年発売
販売元　東宝
ここに映っているのは特撮用の銀座和光時計台だが、当時の限られた予算では何度も作り直すことは出来ず、一回勝負のことが多かった。また《壊れやすい素材》を用意する必要があったため、方々の業者に材料を探しに行ったが、壊れやすさを売りにした商品などほとんどなく、苦労が絶えなかったという。

作版も九八年と一四年に公開されている。更に派生作品や玩具も根強い人気があり、ゴジラは日本が生んだ代表的なキャラクターのひとつであることは疑いない。本章ではこうしたすべての関連作の原点である、第一作目の五四年版『ゴジラ』を扱う。まずは本作のあらすじを紹介しておこう。

太平洋上で原因不明の船舶沈没事故が続発する。乗組員のなかで唯一の生き残りである政治は漂着した大戸島で「巨大生物にやられた」と証言する。その夜嵐が起き、政治の家は巨大な何者かによって破壊される。古生物学者の山根博士をリーダーに据えた調査隊が大戸島に向かうと、八幡山の頂に巨大生物が姿をあらわす。調査を終えた山根博士は、二〇〇万年前に生きていたゴジラが水爆実験の衝撃によって眠りからさめたと主張し議会は紛糾する。政府が対応を協議しているとと東京湾内にゴジラが出現し、品川駅などを破壊し海中に去る。対策として政府は、東京湾一帯に五万ボルトの高圧電流と重火器を配備するが、再び現れたゴジラは芝浦から上陸しこれらを難なく突破。銀座松坂屋、銀座和光、日劇、国会議事堂、テレビ塔等を破壊し、再び東京湾に姿を消す。

この惨状を目の当たりにした山根博士の娘・恵美子は、かつて芹沢博士が彼女に見せたある実験を思い出し、恋人の尾形と共に芹沢のもとを訪ねる。芹沢は液体中の酸素を破壊してしまう「オキシジェン・デストロイヤー」を発明していたのだ。芹沢はそれがゴジラに対抗し得る唯一の方法であると知りながら、世界の政治家たちに悪用されることを恐れ、二人の依頼を断る。しかしやがて芹沢は決意を固め、ゴジラのもとに向かう。海底でオキシジェン・デストロイヤーを使った芹沢は見事にゴジラを殺した後、自ら命を絶つ。尾形や恵美子らが悲しむ中、山根博士はこうつぶやく。「あのゴジラが最後の一匹だとは思えない……もし……水爆実験が続けて行われるとしたら…あのゴジラの同類がまた世界の何処かへ現われ来るかもしれない」。

人形としてのゴジラ

『ゴジラ』に関して、これまで様々な議論が交わされてきた。本作にかかわったスタッフのインタビューや撮影現場のスチール写真、広報用資料などの紹介は公開から六〇年以上経った現在でも継続してなされている。また『ゴジラ』が、五四年三月一日のビキニ環礁での水爆実験による第五福竜丸の被ばく事故や大戦の経験をもとにした反核、反戦映画であることを踏まえ、ゴジラに英霊や被ばく者を重ねる論や、江戸時代の安政の大地震の際に発行された鯰絵と結びつける論など、様々なアプローチが試みられてきた。(3)

こうした多様な解釈を可能にするゴジラが、実は人間が着用するいわゆる着ぐるみの人形であることは広く知られた事実であろう。この着ぐるみは、その後の日本の怪獣特撮作品に欠かせぬものとなっていくが、アメリカのモンスター映画の製作者や批評家からは批判を受けることも少なくなかった。

その一方で、自身も熱心なシリーズファンとして知られるギャレス・エドワーズ(Gareth Edwards)は、二〇一四年に公開された『GODZILLA』を監督した際に、CGを駆使しながらも着ぐるみのコミカルな質感を残すことにこだわったと述べる。(エドワーズ 3)また一六年公開の『シン・ゴジラ』を監督した庵野秀明もエドワーズ同様、CGによっていかに初代ゴジラの着ぐるみの質感再現が出来るかを意識したそうだ。(庵野 503-504)

このことからもうかがえるように、着ぐるみを不可欠なものと位置付ける観客や製作者は少なくなく、五四年版『ゴジラ』に端を発する日本怪獣特撮映画にとって重要な要素であることは事実である。

他方で、この着ぐるみが『ゴジラ』という作品においてどのような機能を果たしていたのかについては、これまであまり言及されてこなかった。また『ゴジラ』で、着ぐるみ以外にギニョールと呼ばれる、下方から手を入れるタイプの人形が使われたという事実もあまり知られていない。

しかしこれらのややコミカルにも思える人形が、作中でいかにしてゴジラを描き得たのかという点を明らかにしなければ、本作の評価は出来ないのではないか。そしてゴジラという怪獣を成立させている人形について考察するには、着ぐるみ／ギニョールがどのようなものであったか、それらが作中でどのような機能を果たしていたかを改めて検討する必要がある。

そこで本章では、五四年版『ゴジラ』において使用された着ぐるみ／ギニョールの特徴や役割について、日本の人形文化との関連を手掛かりに考える。まず、日本の戦前ＳＦ映画の系譜から『ゴジラ』に至る道筋を辿りつつ、着ぐるみのルーツを探る。次にゴジラの造型にかかわったスタッフたちの経歴を踏まえ、日本の伝統的な見世物興行を支えてきた細工人形との関連について検討する。そして最後に、ゴジラ造型の中心的人物であった利光貞三が関与していた人形劇やその社会的意義を踏まえ、それが『ゴジラ』にどのように引き継がれているかを検討する。以上のような議論を通じて、五四年版『ゴジラ』における人形としてのゴジラに焦点を当ててみたい。

ゴジラの着ぐるみのルーツはどこか

『ゴジラ』制作にあたって、特撮パートの責任者を務めた円谷英二をはじめとするスタッフたちは、一九三三年に公開されストップモーションを駆使し世界を席巻したウィリス・オブライエン（Willis O'Brien）監督の『キングコング』（*King Kong*）に強い影響を受けたことがよく知られている。しかし次の引用で円谷が語るように、これと同じ手法を採用することは当時の日本映画の制作状況を考慮すると不可能であった。

日本じゃそうはいかないんで、日本流に短期間に仕上げる何かの手を考えて、誤魔化していくより仕方ない。そうすると、人間に着せるんですね。とにかく人間が操縦しうるもので組み合わせていくより仕方ない。ところが、人間に着せるといっても、あの大きさと重さで辟易しちゃうんですよ。首を動かすように造ったんだけども、動かんのです。（円谷264）

ここで円谷が述べるように、予算・時間的制約によりストップモーションの採用は見送られ、その代わりに「誤魔化し」として着ぐるみが使われることとなった。

そのことによって大きさや重さといった技術的制約が生じたわけだが、ゴジラ役を長年務めたスーツアクターの中島春雄が語るように、むしろそうした制限がゴジラ像の構築に一役買っていたようである。

ゴジラらしさを出すには、ぬいぐるみは軽過ぎちゃいけないって思うよ。役者が重さに耐えて頑張るくらいの方が怪獣らしい重々しさが出る。だから役者は体力をつけないとね。逆に、軽いのを重く演じるのも怪獣の芝居だしね。(中島 148)

実際、円谷は中島がゴジラを演じるに際し人間的な動作を出さないために、足の裏を見せるなと指示していたという証言も残っている。こうしたことから、着ぐるみの重さや大きさは、俳優が中に入り怪獣を描くにあたり重要なものだったといえよう。

その一方で、中島が「ゴジラの芝居は作品や場面によって、動物的だったり、人間的だったりするのが面白いところ」と述べているように、中の人の存在を消し去ろうとしていたわけではなかったという点も指摘しておきたい。(中島 148)

このことは映画公開の約一か月前の一九五四年九月三〇日発行『スポーツニッポン』に、次のような記事が掲載されていたことにも象徴されている。

映画に出てくるゴジラはプラスチック製で高さ六尺余、全長一丈ぐらいの怪物、この中に俳優が二人交代で入って暴れまわる寸法、このほか大写しで撮影する場合に使われる上半身と下半身に分かれたゴジラや、人間の動作では出来ない屈伸自在の小ゴジラなど幾種類にもなっており、ときに応じて撮影する。これが完成された映画でみると一匹のゴジラが縦横無尽に東京の街を暴れまわって観客の眼を驚かすのだから映画の魔術は恐しい(竹内

1999, 151-152）（4）

こうした引用を参照すると（作中のどの場面のゴジラが人間的かを指摘するのは難しいのだが）、少なくとも、恐ろしい見た目をした怪獣の奥に《中の人》が《透け》ていることは全くタブーではなかったことが分かる。むしろ公開前から撮影現場へのマスコミ取材を受け入れ、積極的に《透け》させていた可能性すらある。

この《透け》度合いは先に言及したふなっしーやガチャピンとも微妙に異なっているが、後の『ゴジラ』シリーズにもある程度受け継がれている。例えばゴジラには歴代何名かのスーツアクターがいてそれぞれ著名ではあるが、作品内でそれを積極的に暴露するような描写が入ることはない。特に技術的な制約があった第一作目では、後述するようにカット割りなどにも工夫を凝らし、その表情や動作によってゴジラを未知の恐ろしい生物として見せることが目指された。後年のシリーズでは過剰に喜劇的な味付けをされたゴジラが登場することも多々あったものの、それでも作品外で《中の人》を明かすのは問題ないが、作品内では極力《透け》させないという原則が守られてきた。（5）

先の引用で中島が「ゴジラらしさ」という表現を用いていることが象徴的だが、ゴジラはこうした絶妙に《透け》た着ぐるみにより描かれるべきだという観点は、紛れもなくこの五四年の第一作の製作を巡る状況により生まれたといえる。

しかしそもそも、ストップモーション映画に影響を受けた『ゴジラ』でなぜ着ぐるみが採用されたのだろうか。

その点については、既に映画研究者の高槻真樹らも指摘しているように円谷が『ゴジラ』以前に多数携わっていた戦前の忍術映画、SF映画などからの影響を一因に挙げることができる。そもそも日本の伝統演劇において着ぐるみの使用は珍しくなく、歌舞伎や狂言などでは蝦蟇《がま》や狐、猿がしばしば登場する。舞台の映像化やそれに類する試みは初期映画において頻繁に見られたが、そのプロセスのなかで自然と映画の現場においても着ぐるみが採用されるようになっていったようである。

戦前のSF映画について広範に渡り調査研究を行なっている高槻によれば、『ゴジラ』に先んじて、『キングコング』から影響を受けつつ着ぐるみを採用した作品は複数存在する。例えば三三年一〇月公開の『和製キングコング』は、「幻想・トリック要素ゼロで、撮影所を舞台にした『楽屋裏着ぐるみドタバタ』コメディ」であり、三八年公開の『江戸に現れたキングコング』は「主人公の敵討の下働きをする着ぐるみ等身大の狒々という、実に貧相なストーリー」で「フィルムは現存していないが、当時評判を呼ばなかったのも当然」の珍作で、挙句の果てには「ハッタリに満ちた巨大猿のポスターで、後世に不幸な期待感を残してしまったが、本編にそんなシーンはなかったようだ」と紹介している。（高槻 278）

また、円谷英二の師・枝正義郎が監督した日本最初の着ぐるみ特撮映画と言われる『大仏廻国』

（三四）は、作品のフィルムが残存していないため広告など僅かな資料しかないが、枝正の同僚だった柴田勝は未公刊の冊子『枝正義郎の記録』のなかで次のように述べている。

愛知県知多郡聚楽園の日本一の大仏が立ち上って衆生済度のため、日本全国行脚に発足するというあらゆるトリックを応用した頗る奇想天外な映画で、坐して六十二尺、立って百十尺の大仏如来（キングコングは六十尺）が、鶴舞公園の汽車進行中のガードをまたいだり、犬山白帝城を枕にして寝たり、手のひらの上で美妓二人を踊らせたり、雲海に乗ってはるかの空に消えたり、すべて驚嘆の場面の連続で、当時の宣伝によると、この撮影には百十尺の巨大仏を電気装作に依り事実使用することは勿論であるが、実物を使っては如何にも不自由な場合、種々の模型（ミニチュア）及び大小数十個の大仏を作り実景と模型を自由にモンタージュして場面遠近に不自然を感じさせないように撮影したのである（柴田勝 20）

キングコングよりも巨大な大仏が街中を練り歩き自由にふるまうさまを、特撮を交えて展開した、というこの柴田による記述は否が応にも『大仏廻国』への期待値を高めるものといえる。それにもかかわらず、小説家の筒井康隆はポスターに描かれていたような場面が映画内に存在しなかったことなどを理由に、本作を「つまらぬつまらぬ映画」と述べる。（筒井 258）

また映画評論家の村上忠久も「之は一つの映画としてみる事が既に誤つて居り、かうした物を好む信者達に對する一つの存在であると見て批評などすべき性質の物でないとも思はれる」と痛烈に批判している。（村上 106）

これらの情報を総合すると、『キングコング』の影響下で製作された着ぐるみ映画は評価の低いものばかりであったといわざるを得ない。だが『キングコング』に強い衝撃を受け、それに「負けない映画、特撮こそが主役である映画を作る、という、師が果たせなかった夢を受け継ぐため」、円谷は「表現としての特撮」の模索をやめることはなかった。（高槻 137）

そうしたことから、その後約二〇年の時を経て『ゴジラ』で着ぐるみが採用された背景として、高槻の述べる通り上記作品を位置付けることは十分可能であろう。

着ぐるみに対する批判

その一方で、当然というべきか、『ゴジラ』に着ぐるみを使用したことへの反対意見も少なくなかった。例えば映画評論家の石上三登志は、爬虫類独特の動きを人間が出せるはずもないので、着ぐるみの使用などやめるべきだと痛烈に批判している。（石上 100-101）

また、次の引用を読むと『キングコング』の監督であるオブライエンの弟子、レイ・ハリーハウゼン（Ray Harryhausen）からも低評価だったことが分かる。

ストップモーションが生みだす動きは、人間が現実に目にするどんなものにも似ていない。そのため、純粋にファンタジックな映像が生まれるのである。かつてわたしは、ウィリス・オブライエンから「現実に撮影できるものをつくりだそうとするのはやめるべきだ」といわれた。わたしは自分のクリーチャーをアニメートするとき、つねにその教えを守ってきた。彼らは現実の存在ではないし、ぬいぐるみを着た人間でもないのだ。(Harryhausen 8［5］)

こうした評価は、『ゴジラ』公開前年の五三年にハリーハウゼンが携わった『原子怪獣現わる』(*The Beast from 20,000 Fathoms*)を発表していたことや、彼が『キングコング対ゴジラ』(六二)の出来に不満を持っていたことからくるものでもあったはずだ。また制作手法の秘密主義で知られるハリーハウゼンにとって、未知の怪物を描くにあたり『ゴジラ』で採用された着ぐるみ特撮は、自身の作品を支える理念とあまりにも乖離した形式だったこともこうした評価を導く原因だったといえよう。

しかし、着ぐるみを用いた手法を安易で稚拙なものととらえるこうした観点は、円谷英二のキャリアや発言に基づき『キングコング』をはじめとする諸映画作品のみを『ゴジラ』のルーツに据えた結果生じたものであることは否定できない。例えば高槻は「やむを得ず着ぐるみを採用したが、これが『キングコング』にはない重量感と巨大さを生んだ。妥協すらもオリジナリティにつなげることができたのは、円谷には「ゴジラ」の姿がはっきりと見えていたからだろう」と述べる。（高槻 225）

もちろん『ゴジラ』の特撮パートを円谷が指揮し、責任ある立場で関与していたことも、彼のヴィジョンをいかに具現化するかが現場スタッフにとって大命題であったことも事実であろうが、この未知の怪獣の成り立ちはもう少し複雑であるように思われる。そこで本章では高槻も「『ゴジラ』に至る道は一本ではなく、実に様々な要素がゴジラの血肉になっている」と述べているように、また別の道を探ってみたい。（高槻 11-12）

結論を先に述べてしまうならばゴジラとは、円谷個人のヴィジョンのみに依拠したものではなく、日本の人形文化との強い結びつきがなければ生まれ得なかった怪獣なのである。

細工人形としてのゴジラ

ここからは日本の人形／人形劇文化と『ゴジラ』の関連を探っていく。

『ゴジラ』に関与したスタッフたちの経歴を参照して興味深いのは、前例のない作品だったこともあり、必ずしも映画製作の専門家たちが名を連ねているわけではなかった点である。とりわけゴジラの着ぐるみを制作したスタッフたちは「寄せ集め」であったと、造型会社・開米プロダクションを後に立ち上げた開米栄三は次のように語る。

造型部は全部寄せ集めなんだよね。利光さんは人形劇の劇団プークにいた人で、私と八木さんの兄弟（八木勘寿、八木康栄）は乃村工藝社から。（中略）乃村工藝社では針金と金網で菊人形とか動物とか、いろんなものを作ってたけど、怪獣みたいな形のものを作るのは初めてだったね。（開米 2016, 314）

開米は「寄せ集め」と言うものの、実はここで名の上がっている乃村工藝社の三名、そして現場の責任者で人形劇団プークから呼び寄せられた利光貞三の存在がゴジラの着ぐるみの構造や、ひいてはそのキャラクターとしての性質にまで強く影響を及ぼしている。そこで、利光については後ほど検討することとして、まず開米、八木兄弟がゴジラ造型に何をもたらしたのかを考えてみたい。

開米、八木兄弟が所属していた乃村工藝社は、一八九二年創業の日本を代表する展示ディスプレイ企業である。現在は百貨店や博物館等の展示を手掛けることも多いが、戦前・戦後期は創業者の乃村泰資が得意とした菊人形や生人形のような細工人形制作や、その技術を生かし様々な展示興行を手掛ける企業としてよく知られていた。乃村工藝社の社史を参照すると、『ゴジラ』が製作された五四年の時点で東京には六六名の従業員がいたと記録があるため、この中から上記

の三名が派遣されたと考えられる。（乃村 63）

そして本書にとって重要なのは、この乃村工藝社において培われた細工人形制作技術がゴジラ造型に応用されていたという事実である。（開米、入江 56）

当然ながらゴジラという怪獣に前例はなく、その制作方法は暗中模索の状況で、そこでやむなく採用されたのが細工人形の工法を応用したやり方であった。こうした手法は、開米や八木兄弟が現場から離れた後は廃れたものの、その後も多くの怪獣特撮映画にブラッシュアップを続けながら受け継がれていった。(6)

先述したように、こうして造型された着ぐるみは人間が着用して動作するのが困難な代物であった。当たり前だが、細工人形は人間が着用することを前提にしていない。加えて『ゴジラ』第一作に限っては、着用する俳優の身体に合わせて制作が行なわれなかったという事情もあり、動作の制約はかなり大きかったといえる。

しかしながら、細工人形の手法をゴジラの着ぐるみが取り入れていたという事実は、未知の怪獣を創造するという試みにとって重要な意味を持っている。なぜなら日本文化史家の川添裕による記述を参照すると明らかなように、細工人形技術がゴジラ製作に利用されたのは単なる偶然とは言い難いからである。

実際には見ることができないもの、イマジネーション世界のものを、そこにあたかも存在するかのような三次元の物体として立ち上げることが、生人形の本質であった。それはいいかえれば、あり得ないものを物質化してかたちにし、想像世界そのものを眼前に形象化してしまう物質的恍惚といってよく、そこでいかにも存在するかのごとくに裏支えする手わざとして、一種、スーパーリアリズムともいえる肌の質感（やわ肌、滑らかさ、また逆にグロテスクなリアリズムの異物感）が効果的に用いられたのである。（川添 12）

この引用や、歌川国芳が描いた図16で異国人がまるで怪物のように描かれているのを見ればわかるように、江戸時代を代表する細工人形のひとつである生人形にはそもそも、想像世界を物質化して再現するための媒体という側面があった。細工人形がいわゆるお化け屋敷に、江戸時代から戦後を経て現代まで度々登場するのはまさにこの「想像世界」を可視化するメディアだったからに他ならない。(7)

こうした性質を踏まえると、乃村工藝社からやってきた開米栄三、八木兄弟がもたらした細工人形の工法は、怪獣という「想像世界」の生物をスクリーン上に登場させるための手段として極めて有効であったといえる。

そのことで結果的に操作困難な着ぐるみを生むに至ったわけだが、それが見世物を中心に華開いていた細工人形文化との出会いが生んだものであったことは強調しておく必要があるだろう。

図版引用 16　歌川国芳『浅草奥山生人形』（1855）（稲垣、悳 113）
左側には手足の長い異国人、右側には胸を穿たれても平気な異国人が描かれている。

しかしゴジラをスクリーンに登場させるにあたって、以上のような背景をもって生まれた着ぐるみのみが使用されたわけではなかった。ゴジラはまた別の人形でもあったのだ。

『ゴジラ』におけるギニョールとそのルーツ

ここまでゴジラの着ぐるみのルーツとして、日本の細工人形文化の存在を指摘してきた。だが『ゴジラ』の制作に携わったスタッフの証言や新聞、雑誌記事、スチール写真等を見ると、一九五四年版『ゴジラ』においては着ぐるみだけでなく、ギニョールも多用されていたことが分かる。（竹内 1999, 152）

こうした手法がとられた背景には、例によって技術的な制約が存在していた。五四年版『ゴジラ』のために作られた着ぐるみは口の開閉が出来なかったため、何かをくわえたり、熱放射線をはいたりする場面は全て図17のようにやむを得ずギニョールが使用された。また試作の意味合いもあった初代の着ぐるみが重すぎて着用することが困難だったため、それを上半身と下半身に切り分けて図18のように別々に使用したり、しっぽ部分だけのゴジラを作成したりと工夫がなされた。

五四年版『ゴジラ』で最も鮮烈な場面である芝浦上陸シーンを参照すると、ゴジラが海面に姿を現し、上陸し、再び海に戻っていくという約十五分の間の約二二〇カットのうち（映画全体は約八六〇カット）ゴジラが映るカットは約九〇カットあり、ギニョールを使用しているとみられるものは約二〇カット存在する。こうした結果となったのは、技術的制約ゆえに着ぐるみ全身を映すことを控え、身体の断片ショットを積み重ねることでゴジラを描こうとしたためであったとプロデューサーの田中友幸は語っている。

『ゴジラ』では顔をアップで撮ったり、足先や尾を部分撮影したりしてゴジラの全体像を表現しました。全身を撮るのは極力避けていましたね。ゴジラ映画も後のほうになるとフルサイズで撮るシーンが多いけど、この映画ではひたすら寄り気味で撮っていました。ゴジラが海から顔を出すシーンも部分撮影でしょ、そのほうがゴジラの大きさが出せるんです。円谷さんもゴジラをフルサイズで見せる自信はなかったようです。隠すことでゴジラの巨大さを見せようとしました。（田中 225）

もちろんこうした工夫は、制約の中でモンタージュを巧みに利用し、着ぐるみを支える補助的な手段としてギニョールを使った結果ととらえることもできる。実際、シリーズ第二作『ゴジラの逆襲』（五五）以降は、着ぐるみの性能が徐々に上がっていったため表情の変化や機敏な動作が可能になり、怪獣の心理描写や怪獣同士の格闘シーンが見せ場となることも増えていく。

そのことを踏まえると五四年版『ゴジラ』にあった技術的制約は、作劇にも小さくない影響をもたらしていたといえよう。しかし造型の責任者であった利光貞三の経歴に目を向けると、ギニョールと呼ばれる人形を使用することはゴジラという怪獣を創造するにあたり、単なる補助的手段以上の意味をもつものであったことが分かる。

利光貞三と新興人形劇について

まず利光貞三とはどういった人物であったか。

利光は本人の手記やインタビューがほとんど残っていないことで知られるが、彫刻家浅野孟府の弟子で戦前、浅野と共に大阪人形座の創立メンバーに名を連ねていたことが分かっている。その後、川尻泰司率いる人形劇団プークや、円谷や浅野が携わった四二年の『ハワイ・マレー沖海戦』にも参加した。『ゴジラ』では造型部門の責任者として開米や八木兄弟を率いて怪獣制作の中心的な役割を担っていたという。

そして利光はその後六〇年以上経っても強い影響力を持つ怪獣を見事に造型することになる

図版引用17　ギニョール使用風景（竹内　220）
分かりづらいが、図版右下に人形を遣う男の顔が見切れている。

わけだが、ここで重要なのは、彼が戦前から戦後にかけての人形劇と強いかかわりを持つ人物であったという点である。以下、利光が『ゴジラ』にもたらしたものについて明らかにするために、当時の日本の人形劇が置かれていた状況もあわせて確認しておこう。

あまり知られていないことだが、戦前戦後の日本において人形劇は極めて先鋭的でそれ故にしばしば社会批評性をも宿した芸術であった。そのきっかけとなったのは、二〇世紀以降の日本新興人形劇に多大な影響を与えた英国ダアク座による、一八九四年の来日公演である。人形浄瑠璃や結城座のような糸あやつりとは違い、操り手が観客からは見えず糸で人形を操るマリオネット形式は、当時の日本では極めて画期的なものだった。

そのダアク座の手法を取り入れつつ、新興人形劇が日本で本格的に花開いたのが大正時代で、多くの芸術家達が先鋭的な表現を行なう手段として人形を採用した。そうした潮流のきっかけのひとつとなったのは一九二三年創立の

図版引用18　下半身スーツのみの撮影風景（竹内　202）
使い物にならなかった初代スーツの下半分だけをこうして再利用していた。

人形座であった。舞台装置家として活動を始めたばかりの伊藤熹朔やその弟で演出家、俳優の千田是也、照明技師の遠山静雄、作曲家の小代義雄らを中心に二〇年代の東京を拠点に上演活動を行なった。当時は人間俳優による演劇が思想的な理由で政府から弾圧されることも少なくなかった時代であり、それに比して人形劇は比較的規制が緩やかだったことで、過激な表現を可能にするものとされていたのである。

そうした中、利光が参加していた大阪人形座は、彼の師である浅野や人形座の創立メンバーでもあった小代らと共に三五年に立ち上げられた。人形座ほどのインパクトを残すことはなく、更にこの時期には人形劇にも規制の波が押し寄せていたこともあり、四〇年に解散を命じられることとなる。その後四八年に再建されるも、その名簿に利光の名はなく、上京し映画や人形劇団プークの活動に携わるようになる。

人形劇団プークとその過激な作風

プークは、厳しい社会情勢を背景に活動を続けた日本を代表する人形劇団であった。彼らもまた大戦下に治安維持法改正により劇団解散と活動停止を余儀なくされ、四六年に再建を発表、四八年には宮沢賢二原作の『オッペルと象』で活動を本格的に再開する。

正確な時期は定かではないが、おそらくこの前後から利光はプークの活動に関与していたと考えられ、五三年の日本初の人形劇映画である『セロ弾きのゴーシュ』には装置の責任者として参加している。(8)

その後プークは五三年にNHKが放送を開始し人形劇が主要番組のひとつとなったことで、活動の場を舞台だけでなくテレビにも広げていくこととなる。一方、利光はプークを離れ本格的に映画製作、それも怪獣造型師としての道を歩むこととなるわけだが、その重要な転換点と位置付けられる作品が五〇年に上演された『プー吉のキングコング退治』である。

この『プー吉のキングコング退治』は、プークの状況が一変する直接的なきっかけにもなった作品である。上演情報はほとんど残っていないが日本人形劇人協会の発行する会報『日本人形劇人』六七号(九九)には、当時の様子を伝える貴重な記述がある。

東京芝の体育館でのメーデー前夜祭にて上演。白足袋を履き葉巻を口にくわえた吉田首相を思わせる人形を従え、キングコングが原子爆弾を片手に得意満面で登場する。そのキングコングを人形のプー吉が民衆と一緒になってやっつけてしまうといった単純なストーリーだが、二メートルほどの大きなキングコングが青赤白のリボンを巻いたシルクハットをかぶり、当時日本で流行していたアメリカのヒット曲の原曲「button'n ribbon」が「バッテンボーン」と聞こえるところから「バクダンボーン」とうたった。会場をうずめた観客は調子のいい歌のリズムと諷刺に拍手喝采。会場にいた外国特派員がカメラをもって駆け回り、ピストルを携帯したMPはあわてて舞台近くまでやってきた。（中略）このためプークはGHQから好ましからざる団体と指定され、川尻泰司はアメリカ政府のブラックリストに載った。（長谷川 8-9）

この引用から、『プー吉のキングコング退治』が社会批評性と喜劇性の両方を宿した作品であったことが分かる。その背景にはプークの代表・川尻泰司が述べるように、「表現内容に多くの制約を受けながら」も、「輸入的な人形の形態（構造）を日本の傳統的な人形劇の遺産と溶合させて新しい獨自のもの」や「大衆性をもつた性格の人形と戯曲」の創出を目指し、人形劇の「職業的専門劇團」として自分たちの「行くべき方向」を模索し続けてきたという彼らの歩みがある。（川尻 1951, 50）

それは言いかえれば、（人間俳優ではなく）人形というメディアでしか表現し得ないものは何かということの模索であったともいえ、『プー吉のキングコング退治』はまさにそうした理念に基づいて製作された作品であった。

それ故に主役を任されたプー吉というキャラクターにかかる期待も小さくなかった。元々プー吉は三一年発表の『ニワトリ』に初登場し、「ハンチングをかぶり、くりくりしたドングリ眼」をしており「ユーモアに溢れ、楽天的で、行動力」のある「生れながらの失業者」だった。(三橋 22)

この人物設定にはコミカルさや親しみやすさと、前年には昭和恐慌、同年には満州事変がおき、街に失業者があふれていた世相への痛烈な批評が同居していた。そうした性質が、『プー吉のキングコング退治』にも引き継がれることとなったのである。

結局『プー吉のキングコング退治』で劇団への統制がより厳しくなったこともあり、プークは五三年にテレビでの人形劇に活動の場を広げる。そのことで、痛烈な社会風刺や芸術的趣向を宿した作品を次々発表するというスタイルは影を潜めていくこととなる。そうした変化によって「目まぐるしいまでの進展に、ついていけない人たちを生んだ」、「より個人的活動の自由を求める人が出ることもやむを得ない」と川尻自身が振り返っているほどである。(川尻 1996, 143)

また四〇年頃から研究を重ね、満を持して製作された人形劇映画『セロ弾きのゴーシュ』も、携わった人形アニメーション監督の高橋克雄が「お蔵入り同然」の出来だったと述べるように成功とは言い難い状況だった。(高橋克雄 173)

そして利光は『セロ弾きのゴーシュ』を最後に、プークとかかわりを持たなくなる。利光の証言が残っているわけではないので彼がプークを離れた理由は定かではないが、『プー吉のキングコング退治』以後、従来のような活動が行なえなくなったことの影響が全くなかったとは考え難い。

むしろこの時期のプークが有していた特質は『ゴジラ』に引き継がれており、そのことを象徴するのがギニョールと呼ばれる人形の使用なのではないか。なぜならこのギニョールという呼称は、プークにとって特別な意味があるものだからだ。

ギニョールに込められた意味とは

ダアク座からの影響でマリオネット形式が広まり始まった日本の新興人形劇において、とりわけ戦前はギニョール＝子ども向け作品の人形と位置付けられていた。一方、プークも最初期はマリオネット形式を採用していたが、第二回公演『狼の目薬』（三〇）以後はギニョールを多用するようになる。なぜか。それはプークが上演活動を工場労働者や農村組合による非合法集会など、野外の非劇場で頻繁に行なっていたことに起因する。

すなわち人形浄瑠璃やマリオネットのような複雑な機構を必要としないギニョールは、プークが監視の目をかいくぐりながら行く先々で先鋭的な作品を上演するために不可欠な人形だっ

図版引用19 『ゴジラ』ポスター（竹内 二）
放射熱線を豪快に吐くゴジラが描かれている。

た。ギニョールがプーク固有の人形であったわけではないが、子ども向け作品以外で使用している劇団は他にあまり多くなく、戦前戦後の彼らの代名詞といっていいものであった。つまりこの時期のプーク関係者たちにとって、ギニョールとは単なる人形のことではなく、彼らの活動のありようと紐づいた特別なスタイルを指すものだったと見なせる。

そして先述したように、五四年版『ゴジラ』においては着ぐるみと併用してギニョールと呼ばれる内部に手を入れて遣うタイプの人形が使われていた。これは図19のような放射能を吐くカットや、図20のような電車を口にくわえるカットといった『ゴジラ』のポスターやキービジュアルとなるような重要な場面に用いられている。開米も証言している通り、このギニョールは着ぐるみ製作作業終了後に利光が一人で作り上げたものだった。（開米 2014, 188）

ここまでの議論を踏まえると、戦争や核爆弾のイメージをしばしば読み込まれるゴジラのキャラクターのために、ギニョールと呼ばれる人形が採用されたことの意味は小さくない。つまり、プークが様々な理由で断念せざるを得なかった理念が、利光を介して、ゴジラをスクリーンに登場させるために使用された人形に引き継がれていたと考えられるのである。

着ぐるみ／ギニョールとしてのゴジラ

こうしたことから、着ぐるみだけでなくギニョールもまたゴジラという怪獣を支える重要な人形であったといえる。

既に述べたように、プークは戦前から戦後にかけての上演活動において人間俳優にはできない、人形固有の表現の模索を行なっていた。それは舞台芸術をめぐる時代背景により、そうせざるを得なかったという側面もある。だがその一方で、本書のように利光のキャリアに着目し『ゴジラ』でギニョールが使用された経緯をたどってみると、一見コミカルでありながらも社会批評的なメッセージを宿したゴジラという怪獣を描くにあたりその採用は極めて有効なものであったといえる。

そしてここまでの議論を踏まえると、上述したプロセスを経て生み出された着ぐるみ／ギニョールのゴジラという怪獣は、決して円谷英二個人のヴィジョンにのみ依拠した存在ではなく、またそうであるからこそ特異な存在となり得たことも分かる。

図版引用20 『ゴジラ』キービジュアル（竹内 131）
『キングコング』でもそうだが、怪獣／怪物と電車の結びつきは見逃せない。『シン・ゴジラ』で在来線爆弾なる《兵器》が登場するが、あれにはきっとこれまで怪獣／怪物たちに蹂躙され続けてきた電車たちの怨念が込められていたと思う。

既に述べたように、五四年版『ゴジラ』で採用された着ぐるみは非常に重く、スーツアクターの動作に大きな制約を課すものだった。それを着用した上で未知の怪獣を演じることは手探りの作業であったが、一方で、俳優の人間的な動作が制限されると同時に中身が《透け》ることによってしか「ゴジラらしさ」は生まれ得なかったとする証言は枚挙に暇がない。（中島 148）

では、そうした作業を経て生まれるゴジラが円谷のヴィジョンの忠実な再現であったかといえば、決してそうではない。円谷本人も述べるように、黎明期の特撮とは想定もしなかったような失敗を積み重ね、時には「ミスを逆用して」製作されるものであった。（円谷 322）

ここまで取り上げてきた、暗中模索の末に作成した着ぐるみの動作が芳しくないためギニョールが採用されたという背景にも、かような製作姿勢がうかがえる。こうした事実が示唆するのは、アクターにとっても造型師にとってもひいては円谷にとっても、ゴジラが作中のみならず、その製作現場においても人間の手に負えない怪獣であり続けた可能性である。

先に引用したアメリカのストップモーション作家たちは、現実世界では目にすることのできない「ファンタジックな映像」を生み出すにあたり「ストップモーションほどうってつけの方法はない」と述べ、彼らのヴィジョンの再現に努めていた。その一方で『キングコング』に影響を受け、それに負けぬ作品を生みだしたいと考えた円谷も同様のアプローチを試みたが、ここまで述べてきたような様々な制約がありそれはかなわなかった。

だがむしろその制約により、ゴジラが個人のヴィジョンやスーツアクターの身体性や演技のみに依拠せず、日本の人形文化を不可避的に取り込むといういびつさをはらむこととなった。まさにそのことによって、『ゴジラ』の特撮は、ストップモーションとは異なるアプローチによる「ファンタジックな映像」となり得たのではないか。

すなわち、『ゴジラ』について日本の人形文化からの系譜をたどり考察すると、着ぐるみ／ギニョールという一見ばかばかしい人形が、ゴジラという特異なキャラクター創造のために不可欠であったことが明らかになるのである。

《着ぐるみ身体》のゴジラ

以上、一九五四年公開の『ゴジラ』を取り上げ、着ぐるみとギニョールという人形によりゴジラという怪獣がいかに描かれ得たかを明らかにしてきた。

この着ぐるみもまた、人間によるコントロールを拒むような人形である。むしろ、五四年に採用された着ぐるみがそうした性質のものであったからこそ、ギニョールが必要になり、その結果ゴジラという未知の怪獣のオリジナリティは担保されることとなったのである。

こうした議論は、今後着ぐるみやゆるキャラについて考えていく際にも有効な足がかりとなる。本章冒頭で述べたように、着ぐるみは目指すキャラクター性によって《中の人》の《透け》度合いを調整する。ゴジラにおいても《中の人》を隠す志向と、見せる志向が拮抗しており、それが人間の身体に依拠しながら、人形を恐ろしくどこかかわいらしくもある未知の怪獣に見せるための手法となり得ていた。言い換えれば《外》＝人形と《中》＝人間の《緊張関係》がそこにはあり、第一作目の製作状況が生んだその絶妙なバランスがゴジラをゴジラたらしめていたということになろう。

そうであるならば、例のネズミやガチャピンやふなっしーの《中の人》が《透け》ているかどうかだけではなく、それぞれの人形と人間のあいだに生じるこの《緊張関係》に目を向けることこそが、《着ぐるみ身体》を本格的に論じていくにあたってまずは必要だと分かる。ゴジラの場合ほど、彼らの《中の人》や人形の素材等の情報がつまびらかになっていないため、現時点ではこれ以上掘り下げることは難しい。だが《着ぐるみ身体》について議論するにあたって有益な視点を、他ならぬゴジラが与えてくれているのは確かである。

以上のように、ゴジラの《着ぐるみ身体》は、人形だけとも人間だけとも異なるその両者の組み合わせによってしか生まれ得ぬ特異なものであることがわかった。また、今日のゆるキャラやその他の着ぐるみを考えるために重要な存在でもあった。だが実はそれだけではない。こうして得られた観点は、次章で取り上げる、人間でも人形でもない新たな演技者像を生涯にわたって模索し続けた演劇人、ゴードン・クレイグの「超人形」という概念を考えるためのヒントにもなるはずだ。

【註】

1　映画、演劇業界いずれにおいても「ぬいぐるみ」と呼ばれることが少なくないが、今日広まっている俗称として、本書では俳優が着用して演じる人形のことを着ぐるみと呼称する。

2　本書の執筆もそろそろ終わり……という一八年二月に、三月いっぱいでBSフジの番組『ポンキッキーズ』が終了するとのニュースが入った。ガチャピンのセカンドライフにも注目していきたい。

3　ゴジラを被ばく者、英霊とみなす論考には、川本三郎や赤坂憲雄、加藤典弘、小野俊太郎らのものがあり、ゴジラを鯰絵ととらえるものに宮田登や中沢新一らのものがある。

4　こうしたネタばらしは、公開後も盛んだった。例えば五四年十一月一四日発行の『小学生朝日新聞』には「映画で使われたゴジラは人の背ぐらいのプラスチック製で、なかに人間がはいって動きます。」とはっきり書かれている。（友井 159）

5　ゴジラの喜劇的な一面は、講義でも取り上げている。六五年の『怪獣大戦争』における『おそ松くん』のイヤミのシェーのポーズ、六六年の『ゴジラ・エビラ・モスラ 南海の大決闘』における加山雄三の人差し指で鼻の下をこする仕草などを紹介するが、見事に賛否は分かれる。ちなみにわたしは《それもまたゴジラ》というスタンスなので、ひょうきんなゴジラ断然支持派だ。

6　造型師の村瀬継蔵は八木兄弟の手法について、次のように詳しく述べている。

おふたりのやり方は、まずスーツアクターのサイズに合わせた人型を針金と金網、和紙で作って、次に怪獣のボディラインを、やはり針金・金網・和紙で作る、というものでした。針金は八番線（太さ役４ｍｍ）の太い針金と二四番線（太さ０．５５ｍｍ）の細い針金を使っていました。まず八番線で形を作って、二四番線を巻きつけていき、その上に防虫網の金網を被せるんですが、このとき針金も防虫網もハンダづけします。今の防虫網はナイロンですけど、このころは亜鉛をコーティングした金属製でしたから、ハンダづけができたんですね。そしてその金網の上に和紙を貼っていく。和紙を貼るのは、着ぐるみができたあとに金網をつぶして取り出す際に、水につけて和紙が剥離剤の代わりになるようにするためです。残った和紙は爪でひっかいて綺麗にします。（中略）この針金と金網を使った独

自の方式は、八木兄弟一代限りのもので、おふたりは最後までその方法で着ぐるみを作っていました。(村瀬 71)

7　戦前から戦後にかけて乃村工藝社は菊人形等の展示をする傍ら、今日でいうお化け屋敷も手掛けそこに展示するための人形も多数手掛けていた。その中でも最も有名なもののひとつが読売新聞社主催で一九三一年の三月から四月にかけて両国国技館で実施された「日本伝説お化け大会」である。都市文化史家の橋爪紳也は、この興行について「近世から伝わる細工人形を中心とした「場面型」化物屋敷の伝統に、明治以降流行をみた「迷路型」化物屋敷の要素、さらにはレヴューや学術的展示という新しい要素を加味したもの」で、「それまでに蓄積された『恐怖』を演出する見世物を集大成したものといってよい。『昭和の大化物屋敷』と呼ぶにふさわしいイヴェント」と評している。(橋爪 106)

8　ちなみに本作の音楽は『ゴジラ』シリーズを手掛けた伊福部昭が担当した。

第四章　超人形ってなんだろう

謎多き超人形という概念

本章では、二〇世紀英国を代表する演劇人であるエドワード・ゴードン・クレイグが、彼にとっての理想の演技者を指して名付けた「超人形」という概念を取り上げる。

クレイグは演劇論が抽象的で、また上演においては計画のほとんどを実現できずに終わった人物であるため、批判も多い。しかしながら、未発表資料の内容も踏まえると、クレイグは人間が人形を着用するというスタイルを想定していた可能性が指摘されており見逃せない。

もちろん、クレイグの理想とする演技者がふなっしーやゴジラのような着ぐるみだったと主張するわけではない。だが超人形は、クレイグによってすら明確な定義がなされていない謎多き魅力的な概念で、未だ議論が絶えない。そのことを考えると、超人形のありうべき姿を模索するプロセスにおいて、《着ぐるみ身体》との接点を探るのも無駄ではないはずだ。

そこでまずは、舞台における人間の《人形化》の事例をいくつか紹介しよう。

人形になろうと？　するものたち

美内すずえによる漫画『ガラスの仮面』は言わずと知れた傑作だが、ひと際印象深いのが「石の微笑」のエピソードだ。徐々に女優として頭角を現し始めた北島マヤは月影先生から、演劇「石の微笑」に登場する人形のエリザベス役を与えられる。セリフも動きもないから楽、というようなぬるい展開には当然ならず、稽古場では月影に「人形が自分で動きますか！」、「人形に表情はありません！」などと怒鳴り散らされ、人形としての演技を模索するマヤ。

そんな折、人形になりきるための秘策として編み出されるのが物干し竿を再利用して作られた通称「竹ギプス」。これはマヤに関節の少ない人形の動きを体得させるために月影が考案した代物で、日常生活においても動作を極端に制限することで、人形の演技を体で覚えさせるということらしい。上半身に竹を装着したマヤの見た目のインパクトには思わず笑ってしまうこと請け合いなのだが、そのかいあって見事、彼女は人形の演技をものにする。

このエピソードは安達祐実がマヤを演じて実写テレビドラマ化された際も登場しており（い

図版引用21　フォルトゥナート・デペーロ『3000年のアニッカム』のための衣装（ベッリ 25）
映像などはもちろん残っていないわけだが、これを着用した俳優がどのような舞台を見せていたのか、興味は尽きない。

わゆる黒歴史なのかＶＨＳ版のみの発売だ……面白いのに）、九〇年代日テレ土曜九時ドラマ特有の外連味溢れる演出もあってこちらも絶大なインパクトだ。ではなぜそこまでの衝撃を生むのかといえば、とどのつまり、人間が人形を演じるとはそれほどの困難をともなうから、に他ならない。

その一方で、人間とはしばしば人形に近づこうとし、その営み自体がなかなか魅力的であるということも事実だ。例えば歌舞伎の世界には、あたかも人形が動作しているかのように演じられる、人形振りと呼ばれる極めて魅力的な技芸がある。西洋にもバレエの『コッペリア』のような人形を模した振付が見せ場となる演目が数多く存在する。いずれも人形になれるわけではないが、人間の身体に依拠して《人形と人間のあいだ》を体現するという離れ業についい目をひかれてしまう。

こうした試みがいつどこで始まったのかを明らかにすることは困難だろうし本書の意図からも外れるが、例えば十九世紀末から二〇世紀初頭にかけてのヨーロッパでは、人形や、人間の《人形化》が大きな関心トピックであった。

例えばイタリアの未来派は、人間身体を不完全なものととらえ機械や人形を礼賛した。中心人物である詩人のフィリッポ・トンマーゾ・マリネッティ（Filippo Tommaso Marinett）らは舞台作品も多数制作したが、人間の演技者やリアリズムへの疑いから俳優やバレリーナの排除を標榜することもあった。人形が登場する作品や、人間が人形や機械のように振る舞う実験的な作品を幾つも発表したことで知られ、本章で取り上げるクレイグと比較されることもよくある。

また、ドイツのヴァイマルに設立された学校が元となったバウハウスのオスカー・シュレンマー（Oskar Schlemmer）による『トリアディック・バレエ』（*Triadisches Ballett*）では、「ダンス、衣装、パントマイム、音楽を組み合わせ、踊り手たちは人形の扮装」をしていた。（柴田隆子 328）

このシュレンマーもまた、本章で取り上げるクレイグからの影響を受けているとされる人物である。こうした事例からもうかがえるように二〇世紀初頭頃のヨーロッパでは、人間の身体への一定の疑いがあり、その結果、人形や人間の《人形化》が注目を浴びていた。

本章で取り上げたいのは、二〇世紀以降の芸術家たちにも影響を与えてはいるものの、学術的には決して高い評価を受けているとはいえない演劇人のひとり、エドワード・ゴードン・クレ

図版引用22 『トリアディック・バレエ』舞台写真（Jones 296）一見仮装行列のようだが、これを着て精密に組み立てられた動作を遂行する演目が『トリアディック・バレエ』に他ならない。

イグである。

ここでは、彼が提起した単なる人間俳優とも人形とも異なる理想の演技者＝「超人形」について、その内容や評価について紹介する。その上で、彼が超人形を構想した段階で人間が人形を着用するという着ぐるみにも類するような形式を想定していたのではないかという仮説を取り上げる。そして、本書のここまでの議論も踏まえつつ、クレイグが探し求めた理想の演技者とはどのようなものであったのかを素描してみたい。

ゴードン・クレイグという男

クレイグは一八七二年に女優のエレン・テリー（Ellen Terry）と建築家エドワード・ゴドウィン（Edward Godwin）の間に生まれた。俳優として活動した後、一九〇八年からクレイグは演劇論や木版画に加え、演劇にかかわる世界各国のテクストの翻訳や図版の紹介を行なう雑誌『マスク』（*Mask*）を刊行する。この雑誌は二九年までに十五巻刊行され、彼のライフワー

図版引用23　ゴードン・クレイグの肖像（Edward Craig 289）
息子によって書かれた伝記にはクレイグが気分屋で浮き沈みの激しい性格だったことが何度も綴られている。上演準備の段階でも俳優はもちろん様々な関係者とすぐに揉めるなど、そうした気質も、実際の上演を成功させられなかった原因のひとつであったことは間違いないだろう。

クといえるものとなった。この『マスク』等を通じ数多の演劇論を発表したクレイグであるが、とりわけ影響力を持ったのが後で詳しく紹介する〇五年発表の「演劇芸術：第一対話」（The Art of the Theatre: The First Dialogue、以下「第一対話」）と、〇八年発表の「俳優と超人形」であった。

この『マスク』の刊行と並行する形で、クレイグは演劇の上演にも携わるようになる。なかでも最も有名なのは、モスクワ芸術座の演出家／俳優のコンスタンティン・スタニスラフスキー（Konstantin Stanislavski）と一二年に共同制作した『ハムレット』（*Hamlet*）である。この上演は、演劇論の強いインパクトに触発されたスタニスラフスキーがクレイグを招き、約四年の準備期間を経て実現に至った壮大なプロジェクトであった。本作を高く評価する者もいたが、クレイグは不満をのぞかせ、結果的にはこれを契機に舞台現場の第一線から退くこととなる。

その後は演劇論を新たに書き下ろすということも皆無であった。最晩年には五八年に英国より名誉勲位を授与されるも、慢性的な精神疾患や視覚異常等に苦しむ日々を送った。そして六六年にフランスのヴァンスにて九四歳でその人生に幕を下ろした。

演劇論「第一対話」について

ここからはクレイグの代表的な演劇論「第一対話」と「俳優と超人形」について紹介する。紙幅の関係もあるので、言及は本書に関連のある箇所のみにとどめる。

まず「第一対話」は、クレイグが最初期に執筆した演劇論である。このなかでクレイグは、今日の演劇では当たり前のものとなった「演出」、「演出家」の役割を定義したといわれている。(1)

まず演出家と演劇愛好家が、演劇芸術とは何であるかについて議論をする。演出家は、演技、舞台装置、衣装、照明、木工、歌唱、踊りなどのあらゆる要素を、たったひとりが統括する「演出」という行為こそが、演劇界の改革には必要であると述べる。

さらに演出家は、これらあらゆる技能を統括しながらもどれかひとつに特化していてはならず、舞台全体をみることが可能な場所にいるべきだ。よって演出家と俳優両方の才能を有した人物がいたとしても、両方をこなすことは不可能であると主張する。

ここでは明らかに旧来の、スター俳優を中心とした演劇への批判が込められている。クレイグが活動した十九世紀末頃から二〇世紀初頭にかけては、スター俳優が演目や配役を決定し、スターの見せ場重視で戯曲内容を改変することもそう珍しくはなかった。そこでクレイグは、演出という概念によってスター俳優とは異なる立場の人間を中心に据える、新しい演劇のスタイルを模索したのである。

そして、演出家は真の芸術たる演劇の実現のためには戯曲は不要であり、よって俳優たちは劇作家ではなく演出家の指示に従うべきだと主張する。この演劇観に対し、演劇愛好家は、俳優たちが演出家によって操られる人形のようになることを求めているのかと尋ねる。すると演出家は次のように答える。

> 微妙な質問だな！それは自分の力に自信がない俳優に要求することなんだ。操り人形は、今のところただの人形、人形芝居が愉快であれば十分。だけど、演劇には人形以上のものが必要だ。（Craig 2009, 85）

ここで述べられる理想の演技者像を巡る演出家の言葉は、この三年後に発表される「俳優と超人形」を連想させる。残念ながら、この「人形以上のもの」が何かは具体的に示されないが、既存の演劇に対してクレイグが持っていた不満や、彼の描く理想像がぼんやりとでも示されているのは確かである。

この「第一対話」は、発表当時はあまり認知されていなかったが、後に演劇論集『演劇芸術論』

(*On the Art of the Theatre*) に収録されたことで広く知られるようになった。一方、クレイグは俳優を含めたあらゆる要素のコントロールしたがる演劇人という評価を受けることがしばしばあるが、そうした観点は他ならぬこの演劇論に端を発するのも事実だ。

問題作！「俳優と超人形」とは

この「第一対話」の議論を受け継ぐ形で『マスク』誌上で〇八年に発表されたのが「俳優と超人形」である。今日、クレイグといえば超人形、超人形といえばクレイグといっていいほど彼の代名詞化している。こちらも内容を簡単に紹介しておこう。

「俳優と超人形」は、演技は芸術なのか俳優は芸術家なのかという問いかけから始まる。そしてクレイグはすぐに演技は芸術でなく、故に俳優は芸術家ではないと断じる。なぜなら俳優が何かを表現するには身体を精神に隷属させざるを得ないが、それは身体が拒絶してしまうからだ。それ故に、クレイグは人間俳優の身体が芸術のための素材として全く役立たないと述べる。(Craig 2009, 30)

こうした記述からは、第二章で取り上げたフットやクレイグの同時代の芸術家たち同様、デカルト的な二元論を念頭に置いた、いわゆる近代的な演技や身体観への疑いが彼にも共有されていたことがうかがえる。

次にクレイグは俳優と画家、音楽家が理想の俳優について交わした会話を紹介する。そこで画家は、既存の演劇への反発を示しつつ、それを乗り越えた先にある新しい芸術を創造すべきだと主張する。

そして、この画家により提示される新しい芸術を創造するための方法が、他ならぬ超人形の登場である。

> リアルな木を廃止せよ、現実的な台詞の話し方を廃止せよ、現実的な行動を廃止せよ、そうすれば俳優を廃止する方へ向かうだろう。これはやがて起こらなければならないことだ。(中略)俳優を廃止せよ、そうすれば低劣な舞台のリアリズムを生み出し、また繁栄させている諸手段を廃止することになる(中略)俳優は去り、その地位に無生物の像がつかなければならない。彼がもっと良い名前を手に入れるまで、われわれは彼を超人形と呼ぶ。(Craig 2009, 39)

この演劇論のなかで最も有名でインパクトのある一節であるが、超人形について、それが具体的にどういうものであるかの説明は特になされない。この「無生物の像」とは一体何なのか。クレイグはそこで人形を例に挙げ、人間の俳優に比べてその優れた点を列挙することで、おぼろげながらその輪郭を示している。

拍手喝采が鳴り響こうが、あるいは拍手がまばらだろうが、彼らの鼓動は早くも遅くもならず、顔つきがあわてたり、うろたえたりするわけでもない。そして、花束と愛情の激流に浸されても、主役の貴婦人の顔は永遠に厳かで、美しく、超然としたままだ。人形には天才のひらめきを越える何かがあり、個性が発揮された時のひらめきを超えた何かがある。（Craig 2009, 39）

これらの引用に明らかなように、クレイグにとって人形は人間俳優のように感情に支配されない点で、極めて重要な存在であった。先述した未来派などの同時代に活躍していた芸術家たちと同様、クレイグもまた俳優やリアリズムへの疑いを、人形を取り入れることで打開する方法を模索していたことがわかる。

しかし、本書にとって重要なのはクレイグが決して人形を手放しで称賛しているわけではないということだ。クレイグは当時（十九世紀末から二〇世紀初頭）が、人形にとって最も不幸な時代であると指摘し、本来の求心力を失って久しいと述べる。なぜなら、人間の模倣をより巧みにこなそうとすることで、人形が萎縮していると考えたからだ。そして「人形では不十分なのだから、超人形を創造しなければならない」と述べ、人間とも人形とも異なる無生物＝超人形の登場が必要となることを改めて宣言している。（Craig 2009, 40-41）（2）

では人間と異なり、「第一対話」における表現を援用するならば「人形以上」の存在とはどういうものか。それも演劇論のなかで詳しくは述べられない。「俳優と超人形」において示されるのは、俳優とも現在の人形とも異なる超人形こそがクレイグの目指す演劇には必要で、それは未だに発見されていないということだけである。そしてその主張の根底には、俳優の身体及び流行の人形劇への疑いがある。

こうした扇動的でインパクトの強いテクストであることもあって、「俳優と超人形」は多くの芸術家たちにインスピレーションを与えてきた。(3)

その一方で、「俳優と超人形」の内容の抽象性などが災いし、学術的には曖昧な主張が繰り返される演劇論と評価されている現状である。

超人形を巡るクレイグへの批判

ここまで述べてきたように「俳優と超人形」は、インパクトを持ってはいるがかなり問題含みの演劇論である。一方、そうした内容故に多くの議論を呼んできたのもまた事実で、超人形とはそもそも人間のことなのか人形のことなのかという根本的な問いについてすら、見解が分かれてきた。

それらを細かく追っていくことは紙幅の関係で困難である。よってここでは、クレイグの超人形に対し痛烈な批判を行ない、今日のクレイグへの学術的な評価の基盤をつくったと考えられる、アメリカの舞台装置家リー・サイモンソン（Lee Simonson）による論考を紹介する。サイモンソンは「白昼夢―ゴードン・クレイグの場合」（Day-Dreams: the Case of Gordon Craig）と題し、クレイグが俳優や劇作家を軽視していると強く批判した。そして彼の演劇活動を、その未熟さ故に見た白昼夢であると断じた。

この論考のなかでサイモンソンは超人形に対し、主に二点の批判を展開する。ひとつは、超人形が「俳優と超人形」のなかで十分に定義が示されない不可解で曖昧な概念であるという点。もうひとつは、クレイグが実際の舞台上演で活躍できなかったことを踏まえて、超人形はそもそも実現不可能な概念なのではないかという点だ。以下、その内容をかいつまんで紹介しよう。

サイモンソンは超人形が人形を指すという立場を取っている。そして「俳優は去り、その地位に無生物の像がつかなければならない」という例の一節を引用しながら、超人形の操作法についての説明がないことを非難する。そして、付け焼刃の技術では人形を操ることは困難であると述べる。

その上でサイモンソンは、こうして説明が不十分なまま提起される超人形という概念を、クレイグによる単なる思い付きであったと主張する。

彼の超人形は、クレイグの数多くの革新と同様に遅かれ早かれ、彼の手のなかにおさまる

単なる人形となる運命だ。彼はわずかの間だけ糸を引き、その後すぐにそれを手放すことになる。(Simonson 346)

確かに、クレイグは超人形とはなにかについて論理的かつ明確に述べることはなかった。それもあって、サイモンソンは超人形という概念自体が曖昧で具体性を欠くものであり、クレイグにとっても単なる思いつき程度のものだったと評価している。

次に、超人形の実現不可能性に関する批判を取り上げる。

サイモンソンは一二年の『ハムレット』に言及し、クレイグを、実際の上演をコントロールする能力がそもそも欠如していたにもかかわらず、神になろうとしたアマチュアだったと評した。(Simonson 314)

前述の通り、クレイグは「俳優と超人形」以降の目立った活動がこの『ハムレット』に限られており、その上演に際しても装置が倒壊したり、俳優との意思疎通が出来なかったりと、様々な困難に直面した。サイモンソンはそれを、演出家の必要性を訴えたクレイグが、俳優を含む舞台上のすべてをコントロールすることを目指し、あえなく失敗した結果と解釈している。その上で、超人形が登場する新しい演劇は一切具体化されることはなく、そもそも実現不可能なものだったという評価を下した。

そして、クレイグが構想した演劇の実現不可能性に関するこうした観点は今日まで多くの関係者によって踏襲されてきた。その結果、サイモンソンに端を発するクレイグ観、すなわち彼は曖昧な演劇論を発表し、実現不可能な演劇を夢想し、俳優を意のままに操作しようとして失敗した演劇人、という評価が覆されないまま今日に至っているのである。

超人形は具体化寸前だった?

ここまでクレイグの演劇論や彼が携わった作品が、どのような評価を得てきたかを紹介してきた。確かにクレイグの演劇論に抽象的な記述が散見されるのは事実である。しかし本当に、彼の理想とした演劇は実際の上演を無視した白昼夢に過ぎなかったのだろうか。

その点を考える上で、演劇研究者のイレーヌ・エイナット＝コンフィーノ(Irène Eynat-Confino)らのクレイグ関連資料調査の成果は重要である。フランス国立図書館には、クレイグ直筆の『ユーバー・マリオンズ』(*Uber-Marions*)と名付けられた三〇頁ほどのノートが所蔵されている。実はこのノートは、〇六年に本格始動させる予定だった、超人形と呼ばれる演技者が登場する「超人形国際劇場」(International Über-Marionette Theatre)のために書き溜められたものだという。(Eynat-Confino 148)

この『ユーバー・マリオンズ』を参照してみると、超人形国際劇場に必要なスタッフとその役割、劇場の構造やそれにかかるコストなど、実務的な内容についてのメモやスケッチがその大半を占めていることが分かる。結果的に頓挫することになり上演が行なわれることはなかったが、有力者からの口添えや金銭的な援助もあり、実現間近の計画であった。つまりクレイグの超人形とは実際の上演を想定して構想されたもので、演劇論「俳優と超人形」とはこの経験をもとに執筆されたものに他ならなかったのである。

では超人形国際劇場が擁する超人形は、どのようなものとして構想されていたのか。『ユーバー・マリオンズ』の要点を確認したい。

まず超人形の大きさは、五から六フィート（約一五〇から一八〇センチメートル）程度であった。経済史研究者のティモシー・ハットン（Timothy Hatton）によれば、二〇世紀初頭の英国人男性の平均身長が一七〇センチメートル前後であったということから、おおむね人間の等身大といえるサイズである。（Hatton 2）

そして人形が操り手と共に舞台に登場するという形式を予定していた。この人形のデザインや素材、詳しい操法については記されていない。一方操り手は、全身黒一色の衣装を身につけることが想定されていたようだ。更に超人形が舞台に登場する際は、舞台裏の読み手による声と音楽に合わせて規則的に動作することを課す予定だったという。この形式には、演劇研究者のリンゼイ・ニューマン（Lindsay Newman）が既に指摘しているように日本の人形浄瑠璃からの影響があると考えられる。（Newman 21）

『ユーバー・マリオンズ』はあくまでも構想を断片的に記したノートであるため、登場する人

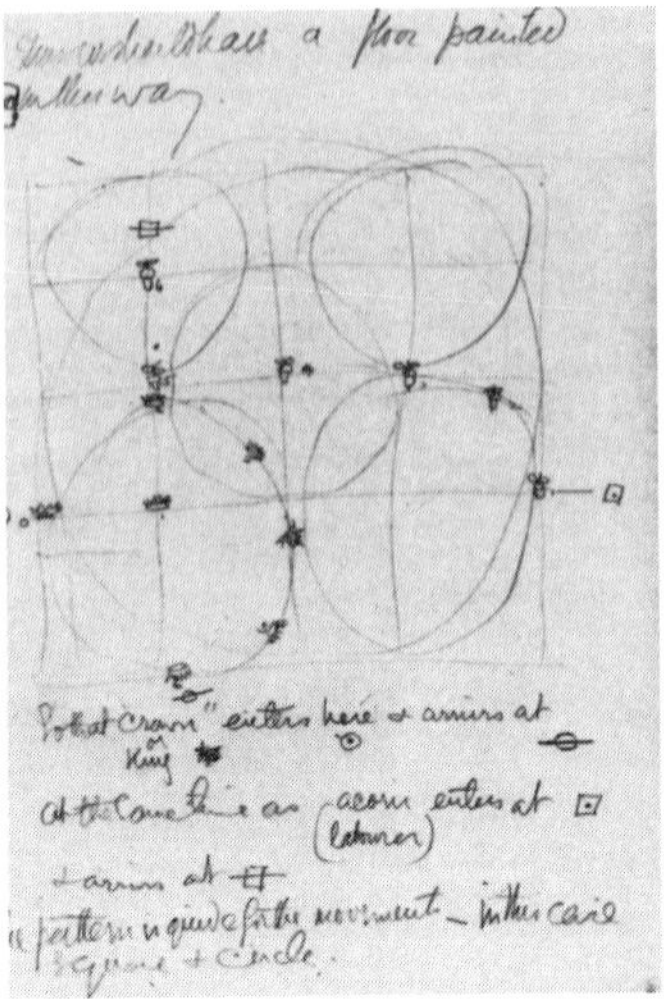

図版引用24　超人形のための模様をつけた床
(Eynat-Confino 93)
ここに描かれている円模様の通りに動作することを想定していたようだ。実現したらどのようなものになっていたのか。上演されなかったことが悔やまれる。

形に関してその全容を解明することは不可能だ。しかしこうした記述を踏まえると、少なくとも、単なる人間俳優として超人形を捉えることは困難であることが分かる。

　次に超人形の動作について確認したい。

　超人形国際劇場のための台本は一切残っていないため、どのような作品を上演する予定であったかは不明であるが、超人形に課せられる動作についてはわずかながら『ユーバー・マリオンズ』中に指示がある。そこには円と正方形からなる図24が掲載されており、タイトルには「超人形のための模様をつけた床」と記されている。（Craig 1905-6, 4）

　そのことから、この模様の通りに超人形が動作することを想定していたと考えられる。

　またこの超人形について、本来二年必要なところを特別に二カ月だけの期間を費やして「訓

練する」予定が組まれていたことや、その際に支給する給料額を示す記述も興味深い。(Craig 1905-6, 19)

なぜならこうした記述から、超人形は賃金を得ながら訓練を行なうべき存在であったことが明らかになるからだ。これらの記述を踏まえると、超人形を単なる人形として捉えることもまた困難である。

超人形は着ぐるみだった!?

ここまで、超人形に関してそれを支える上演スタイルやそこで課せられる予定だった動作などを確認してきた。こうした超人形に関する『ユーバー・マリオンズ』の記述を参照すると、人間とも人形ともとれる内容が混在していることが分かる。

そのことを踏まえ超人形について考える上で注目すべきは、二〇一〇年に『ユーバー・マリオンズ』を中心とした未発表資料調査成果をまとめたクレイグ研究者のパトリック・ルブーフ(Patrik Le Boeuf)による小論である。ルブーフはクレイグが等身大人形のことを超人形と呼びながら、同時に『ユーバー・マリオンズ』に看過できぬ書き込みをしているという事実を指摘している。

『ユーバー・マリオンズ』のノートに、クレイグは必要とする人員を列記している。実際「超人形」という用語は、この頁の消された—とはいっても、簡単に判読できるのだが—「俳優達もしくは操り手たち」という三語の代わりに書き込まれたものだ。（中略）彼はこれらの演技者たちを半分俳優、半分操り手と見做していたのだ（Le Boeuf 105）

ここでルブーフが述べるように、『ユーバー・マリオンズ』に掲載されたスタッフリストからは、人形遣いは単なる操り手ではなく俳優としての役割も担っており、それをクレイグが超人形と呼んでいたことがうかがえる。この記述を根拠にして、ルブーフは超人形が人間や人形のいずれかを指すのではなく、**人間が人形のなかに入る**という形式を想定していたのではないかと指摘している。（Le Boeuf 105）

これはクレイグが、演劇論「俳優と超人形」において超人形を人間俳優と異なる人形以上の存在と定義しながらも、その具体像を示さなかったという従来の解釈に対し、全く新しい観点を提起する重要な指摘といえる。

一方で、ルブーフは自身の論考は仮説であり、事実であると断言は出来ないとも述べている。確かに人間が人形のなかに入るとしても、どんな素材でどのような機構を用いるのか、いわゆる着ぐるみやヒーロー特撮におけるスーツのようなものなのか、それとも全く別のものなのか、『ユーバー・マリオンズ』から知ることは出来ない。またこの資料以外に、超人形を舞台に上げることを計画した証拠は管見の限り存在しない。そのためクレイグ自身も、理想の演技者＝超人形とは何であるかについて、明確な答えは出せなかった可能性は高いと言わざるを得ない。

着ぐるみから超人形へ

しかしながら、クレイグが既存の演劇に疑いを持ち理想の演技者を模索する過程で、人間か人形のいずれかではなくその両者の組み合わせこそを超人形と呼んでいたとすれば、本書にとって見逃すことは出来ない。

なぜならこれが、第二章で取り上げたフットの人形劇や前章で論じた《着ぐるみ身体》を連想させるものだからだ。もちろん超人形と、フットの作風やゆるキャラ、ゴジラのような着ぐるみとは、理念においてもその見た目においても大きな隔たりがある。

だがフットとクレイグが、俳優や人形劇への疑いを共有していたのは事実だ。また、クレイグはフット作品を数多く所有し、人形劇の歴史をまとめた *Mtt Theatres* という手書きのメモに、人形遣いマーティン・パウエルらの名前とともに、人形劇を生業としていなかったフットの名前を記し高く評価していたことも分かっている。もちろんそれらは傍証に過ぎないが、作風の全く異なる両者が、形式は違えど通常より操作が容易でない等身大人形に注目したということは、指摘しておく意義があるだろう。

加えて、前章で論じた、《着ぐるみ身体》との関連も興味深い。クレイグは演劇論のなかで、人間俳優は彼の目指す演劇芸術の素材にはならないと批判していた。一方、第三章で述べたように、ゴジラの着ぐるみは人間身体に依拠しながらも、未知の怪獣を登場させるために欠かせぬ人形であった。そう考えると、人形を着せることで俳優の身体に負荷をかけ、意図的に《緊張関係》を生じさせようとしていたとしても、それなりに妥当な試みとして評価できる。そうであれば、クレイグが人形にも人間にも不満を持ち、その両方を組み合わせてそのいずれとも違う新たな演技者＝超人形を生み出そうとした結果、《着ぐるみ身体》に類するものが想定されていた可能性は否定できない。

もちろん、残念ながら、これらはルブーフの仮説に触発された推論の域を出ず、《着ぐるみ身体》同様、今後更なる検証が必要な問題だ。だがクレイグにとってすらおぼろげだった超人形という概念が、むしろその答えが明確に提示されなかったことで、後世の人々をひきつけ未だに議論され続けているのも事実である。もしかしたら超人形という概念のポテンシャルは、そうした未完のプロジェクトであるという点にあるとすらいえるかもしれない。

着ぐるみから超人形へ。そんな一見ばかげたアプローチも、後世を生きるわれわれが超人形を巡るクレイグの終わりなき「白昼夢」を引き継ぎさえすれば、十分可能になるのではないだろうか。

【註】

1　演出に類似した行為はクリストファー・イネス（Christopher Innes）が指摘するように古代ギリシャ演劇においても見られ、劇作家やスター俳優がその役を担うことは歴史上珍しいことではなかった。しかしその一方で、劇作家でも俳優でもないが舞台上のすべてを指揮する人物の登場の必要を訴え、その仕事の内容や心構え、劇場での位置付けなどにまで踏み込んだ議論を西洋演劇史上初めて展開したのはクレイグであるといわれている。（Innes 2013, 1-5）

2　十九世紀末から二〇世紀初頭にかけて、ヨーロッパ人形劇の世界にもリアリズムの波が押し寄せていた事実は、ユルコフスキなどによっても報告されているのは第二章でも述べた通りである（Jurkowski 1996, 4）。

3　フランク・チェンバレン（Franc Chamberlain）は、クレイグの影響が特に色濃い演劇人として、ジャック・コポー（Jacques Copeau）、フセヴォロド・メイエルホリド（Vsevolod Mejerchold）、ピーター・ブルック（Peter Brook）、イェジー・グロトフスキ（Jerzy Grotowski）、ロバート・ウィルソン（Robert Wilson）らの名前を挙げている。（Chamberlain xiv）

特別対談PART1　ゲスト　スーパー・ササダンゴ・マシン

［プロフィール］ＤＤＴプロレスリング、松竹芸能所属の覆面プロレスラー。新潟県東区にある坂井精機株式会社専務取締役でもある。二〇〇四年からマッスル坂井名義で活動していたものの、一〇年にレスラーを引退し、新潟に戻る。その後一二年からスーパー・ササダンゴ・マシン名義での活動をはじめる。現在は、新潟総合テレビの人気番組『八千代ライブ』ＭＣ、ＮＨＫ Ｅテレ『高校講座　社会と情報』レギュラー出演などその活動は多岐にわたる。マッスル坂井名義での監督作品に『劇場版プロレスキャノンボール２０１４』（一五）、『俺たち文化系プロレスＤＤＴ』（一六）、著書に『八百長★野郎』（〇八）などがある。

最先端《透け感》ゆるキャラとしてのスーパー・ササダンゴ・マシン

―この対談はどういう経緯で実現したんでしょう？

菊地：元々はわたしが『マッスル』や、テレビ埼玉で放送していた『マッスル牧場 Classic』が大好きで。（1）

講義でも、ＤＤＴのヨシヒコ選手の試合を見せたりしていたこともあって、是非ササダンゴさんにゲスト講師に来てもらおうと思ったんです。(2)で、何とか連絡をとり、お会いすることが出来たんですが結局スケジュール等の関係でその企画は実現せず。ところが何故か縁あって、ササダンゴさんが司会をされてる新潟のテレビ番組『八千代ライブ』にわたしが呼ばれ、一時間の生放送内でかなり時間を割いて人形の話をさせていただいたっていう。

―何について喋ったんですか？

菊地：第三章で論じてる着ぐるみの話ですね。ふなっしーとガチャピンを比較して、両者には様々なことにチャレンジするという共通点があるが、大きく異なる点もある。それはいわゆる《中の人》の見え具合、《透け感》の度合いに大きな差があるんじゃないかと。ガチャピンはそれぞれの世界のスペシャリストをチャレンジするテーマに合わせてその都度迎え入れてるんですけど、その事実をなるべく透けさせないようにしてて。それは最近のゆるキャラや着ぐるみのスタンダードでもある。でも後進のふなっしーは逆に、敢えて透けさせて、あの《中の人》ありきのキャラクターとすることで、着ぐるみシーンに衝撃を与えたんだと。で最終的に、実はササダンゴさんがふなっしー的な表現を引き継ぐ、透け感強めの未来型のゆるキャラなんじゃないかという話をして(笑)。そういう意味で、今日は人形ご本人にゲストとしてお越しいただいたと思っていただければ！

ササダンゴ：よろしくおねがいします。

菊地：まず、そもそもなんでプロレスラーのササダンゴさんにお話をうかがうかという話なんですけど。ヨシヒコを筆頭に、プロレスって椅子、脚立、ほうき、こたつや透明人間とも試合ができちゃうじゃないですか。

ササダンゴ：はいはい。

菊地：そういう時、レスラーの能力はもちろん必要なんですけど、観客が透明人間や脚立を信じてある程度参加しないと成立しないし、面白く転がらないなと思っていて。脚立は普通試合しないとわかっているけど、それを面白がる度量とか、いい意味で盲目になる姿勢や心構えが観客に求められる。演劇や映画も少なからずそういう側面はあるんですけど、それが特に色濃いのが人形劇。ただの人形じゃん、糸あるな、おじさん難しい顔して人形動かしてるなと意識しながら、でも一方で、人形が生きてるんじゃないかと思える瞬間もあって、プロレスの構造と考え方が人形や人形劇を支えているものとすごく近いなと。

ササダンゴ：たしかに脚立や椅子との試合は、観客やプレーヤーの想像力無しにはできないですからね。

菊地：ヨシヒコの試合を講義で見せると、学生は驚きながらもかなり前のめりで楽しんでて。観客がノってたり、ヨシヒコの心情についての解説が入るところとか、現象を丸ごと楽しめる感じがありますよね。

ササダンゴ：プロレス自体が完全にそうで、例えば新日本プロレスの棚橋弘至選手は顔も服装もコスチュームもちゃんとしていて。で、体つきも精悍なんですけど、レスラーとしてそこに居続けてることがすごいなって。新日本プロレスの地方大会とかたまに見に行くことがあって、存在感はもちろんすごいんですけど、会場で棚橋さんの一挙手一投足に客が熱狂している姿を見てやっぱりかっこいいなと思うわけです。

菊地：はいはい。

ササダンゴ：棚橋さんの周りにはファンたちが集まってきて、最前列のリングサイドギリギリまで殺到して、自分のタオルを客が棚橋さんに渡すんですよ。棚橋さんはそれに気づくとタオルをとって、自分の汗をつけてお客さんに返すとお客さんが失神せんばかりに喜ぶわけです。タオルをそのまま差し出すと受け取らない可能性があるので、子どもに持たせて「うちの子が好きなんです！」という構図をつくってという。みんなそこまでして棚橋さんの汗がついたタオルが欲しい。

菊地：すごい（笑）。

ササダンゴ：でも冷静に考えたら棚橋さんは四〇歳を超えているわけですよ。中年男性の生汗を欲しがるという舞台を作り上げているプロレスというジャンルというか、システムがすごいなと思って。そこに感動するなっていう。それをひっくるめて新日本プロレスのレスラーの凄さを感じますね。

菊地：観客が参加できるし、レスラー側も観客側にアクセスしやすいっていうのは、アイドルともまた似てるようで少し違ってプロレスの面白いところかもしれませんね。

ササダンゴ：そうですね。

菊地：ＤＤＴにはアイドル的な活動をしているレスラーもいるし、ちょっと距離の遠いジャニーズじゃなくてこっちに来たというお客さんもいるんですかね。

ササダンゴ：でもねジャニーズがプロレスやったら盛り上がりますよ！

菊地：おお（笑）。

ササダンゴ：ジャニーズ同士でプロレスをやるのは成立しますよね。一九〇ｃｍ、一二〇ｋｇを相手にするならフィジカル的なハンディキャップが生じますが、ジャニーズ同士なら運動神経やビジュアル的にも問題ない。言ってしまえば、ジャニーズが回しをつけてジャニーズ同士で土俵に上がれば日本相撲協会よりもたくさん動員できるんじゃないですか。

菊地：なるほど。

ササダンゴ：回しをつけるわけですから。

菊地：ジャニーズの回しはきっと最高ですね！（笑）

ササダンゴ：でもジャニーズの人たちってＳＮＳもやらないし、ある意味で距離を遠ざけているわけですよね。炎上もないですし、スキャンダルみたいなのも事務所が守ってくれますし。そう思うと人間味をなくす方向というか。

菊地：あまりそこは出さない。

ササダンゴ：割と人形的な部分がありますよね。容姿の良さも含めて。

菊地：毛穴が見えないですよね

ササダンゴ：そう。あと、年を取っても化粧が似合う。そういうのがジャニーズっていう。

菊地：今回の本にはあまり載せられなかったんですけど、講義ではアイドルの話もしてて。アイドルって操り人形のように見えるけど、果たしてそうだろうか。誰かのコントロールから外れてしまう瞬間への期待や不安が常にあるのがアイドルなんじゃないかと。それを原田知世やPerfume、AKB48、初音ミク、私立恵比寿中学なんかを取り上げながら説明するんですけど、ササダンゴさんと同じ新潟出身のアイドルNegiccoの話もして。いまや新潟内外で活躍してますけど、それでもNegiccoって、人間くさいままなのがいいなっていう。SNSやステージで等身大の悩みをぽろっと吐き出したり。それに対してお客さんがあたたかく迎えているのも素晴らしいなっていう。

ササダンゴ：でもその一方ですごいなと思うのは、彼女たちは見事に性の匂いがしないんですよね。長くやってるのに誰かと付き合ってるとか、恋の話や浮いた話がないのは、人間味がないともいえて。みんな幸せになってほしいと思ってるんだけど……。

菊地：そうか、人間と人形のあいだを揺れ動いてるんですね。Negiccoやっぱりすごいなあ。講義にゲストで来てほしいなあ（笑）。

人形と仮面

菊地：ササダンゴさんは東京と新潟では、メディア出演のキャラクターを使い分けてるんですか？

ササダンゴ：僕は全く一緒です。逆にいうと、そんなにたくさんの顔を持っていないというか、できることはそんなに変わらないので。東京用と地方用に顔を分けなくてもいいのかなと。

菊地：それは『マッスル』の延長で今のキャラクターがあるのか。それとも新潟に戻ってプロレスを休んで、ガラッと変わったんですか？

ササダンゴ：僕としては、延長です。一度、プロレスラーになったら、どんなキャリアで時間的な流れがあってもずっと辞めていても元プロレスラーですし。見ている人は見続けてしまいますからね。

菊地：では、プロレスをする時用の、マッスル坂井やスーパー・ササダンゴ・マシンというプロレスラーとしての人格はあるんですか？

ササダンゴ：ないです。坂井良宏、マッスル坂井、スーパー・ササダンゴ・マシンと分けている割に全部一緒。何も変わらない。仮面をかぶることで視力と聴力を奪われるくらいです。

菊地：（爆笑）。

ササダンゴ：だってプロレスの仕事も芸能の仕事も金型の仕事も、全部自分からやっているようで100%受注ですからね。マッスル坂井でお願いします、スーパー・ササダンゴ・マシンでお願いします、と、全部注文するとき指定されるだけですから。

菊地：そっか。じゃあ自分のモードが三つあるわけじゃなくて、見た目と見え方が違うだけなのか

ササダンゴ：一時期はそのキャラを徹底している人のかっこよさがあったと思うんですけど。今、プロレス界にヒールってほとんどいないですよね。悪役がいない。どっかで良い人感を出さないと。リングと同じ口調でSNSをやる人はいなくて、どこかで可愛げを見せるというか。逆に言うと、こういうキャラクターなんだからしょうがないじゃないか、というのが許されない。マジで怒られちゃう時代じゃないですか。

菊地：キャラクターだから、が通用しないんですね。

ササダンゴ：透明性が求められてますよ。食べ物で言えば、それはどこ産なんだ、誰が作ったのか表記されてるか、というように、トレーサビリティーがしっかりしたキャラじゃなきゃ、ダメなんですよ。

菊地：でもそうなると、スリリングさに欠けるというのが代償としてありますよね。

ササダンゴ：欠けますよ！

菊地：この間NHK Eテレ『ねほりんぱほりん』のディレクターに会って、二〇一七年十月放送の「元サークルクラッシャー」回の話になったんです。詳しくは言えないんですけど、そのディ

レクター曰く、そのサークラの子が、自分の過去にしたひどい話をもはや他人事のように喋っていて、ブタの人形に話させているように見えた瞬間があったと。一見ひどいことを言っているようでも、自分ではなくあくまでもブタの発言なんで、どんどん言えちゃう。それって人形劇や腹話術で、人形に過激なことを言わせるのに近くて、更に、これってタレントさんや覆面レスラー的だなとも思ったんですよ。

ササダンゴ：そう。覆面レスラーって本当はそうであるべきだと思う。覆面をかぶることによって、普段の自分じゃない何かになれる、別人格みたいなのがかっこいいやつだと思うけど、俺はそれができないんですよね。

菊地：でもそれって仮面文化の歴史を考えると、日本の伝統的なあり方に近いです。西洋は「仮面を被ると別の人」という考え方があるんですけど、日本は仮面をかぶったから別の何かになるわけではない。あくまでも自分のなかにあるものが仮面によって表出するという考え方なんです。例えば能のお面は顔より小さくて顎が少し見える。どんな役でも、それを演じている中高年男性の皮膚のたるみとかが見え隠れして、役者の肉体と役柄の間にある闘争を観客が見つめるというようなな。ササダンゴさんのあり方は日本的かもしれない。

ササダンゴ：確かに、挨拶するときに「スーパー・ササダンゴ・マシン」というマスクマンをやっています坂井と申します」と言って坂井良宏って名刺を渡しますから。

菊地：やっぱり、《透け感》強いですね（笑）。

ササダンゴ：マスクをつけてテレビとかに出ることは、タモリさんのサングラスの延長にあると思ってますから。目以外の表情がわかるぐらいの感じで、マスクマンも顔が隠れていてもちょっと表情が溢れるくらいでいいのかなって。

菊地：マスクかぶっていてもそういうのが出ちゃうんですよね絶対。あと、これは時の流れなのかもしれないですけど、誰かに「坂井さん」って呼ばれたときに、「いいえ、坂井良宏じゃなくてササダンゴマシンです！」っていうようなギャグを一生懸命やる時代でもないのかなって。そこどっちでもいいよなと思っちゃうんですよね。

ササダンゴ：どっちでもいいですよね。

菊地：そこが一番問題とされていた時代はもう終わった。キャラを演じ続けるのが一番大事で、それに徹しているのが美しいんだっていう考え方はなくなりつつあるのかも。でももし、今それを徹底している人がいたら……。

ササダンゴ：それを徹底していたら強い、一人勝ちですよ。本当にリング上のキャラをずっと通し続けられるなら、ですけど。

非オシャレ志向なプレゼンの極意

菊地：ササダンゴさんのプレゼン芸を見てると、アップルの商品発表会やTEDみたいな、渋谷・

六本木系とでもいいましょうか、イメージアイコンをぽんと出して細めのフォントでキャプション、っていうのとは明らかに違うところが面白いなと思ってて。

ササダンゴ：やめたほうがいいやつですよ！　細字の丸ゴシックで書くのって、アルファベットだから成立してる話であって。日本語は太いほうが絶対いいですよ！

菊地：（笑）。オシャレにしすぎないように坂井さんはしてるのかなって思ったんですけど。

ササダンゴ：そうそうそうそうそう！

菊地：結構意識してそうされてるんですか？

ササダンゴ：プレゼンってさっきの話じゃないですけど、隠せないから。プレゼンを演じるキャラとか無理ですし。世に言う、ビジネスプレゼンする人とか幕張メッセでプレゼンする人とかTEDでプレゼンする人たちは特殊な人たちですから。特殊な訓練を受けたあの人たちはもうね、逆に言うとAIみたいなものなので、ペッパー君ですから。

菊地：ペッパー君だったのかあれ（笑）。

ササダンゴ：スティーブ・ジョブズもジョブズくんですから。そんなのよりも、世の中で行われているのは99．9％生身のプレゼンですから。今のお客さんは、どんな人か、プレゼンをやる一〇分、二〇分の間にも、みんなスマホで調べて、共通の友人はいるのか、何年生まれかと勝手にプロファイルしてくるわけですよ。なので逆に、最初の持ち時間の十分の一くらい自己紹介をしてもいいんじゃないかと。そこをしっかり説明すれば、あとは何をやってもいいんじゃないかっていう。

菊地：なるほど！

ササダンゴ：人から時間を奪っているわけですから。そこはしっかりやらないと。

菊地：生身のプレゼンでお客さんを巻き込むって、『マッスル』で「行こうよ、プロレスの向こう側」をキャッチコピーにしてた頃からある姿勢って感じがしますね。よく考えればわたしもそういうスタンスですし。自分だけで講義をやったり本を書いている感覚が希薄で、学生を巻き込んで、コメントをもらってそれに答えたり考えたりしながら問題に挑んでいくっていう。

ササダンゴ：さっきの脚立やヨシヒコでもそうですけど、共犯関係というか、プロレスってお客さんありきなんですよ。プレゼンしている動画やウェブCMで、会場でやってることを再現してほしいって言われるんですけど、本来はギャラリーがいっぱいいた方がいい。お客さんがたくさんいて、リアクションしているという絵がないと、本当は伝わりづらい。

菊地：賑わっているところに人って集まりますしね。多少、誇張してでもいいから、人が集まっているよというのをいかに演出するかが大事、みたいな。

ササダンゴ：そうそうそう。

菊地：わたしも「大学で話題の講義です」と紹介されることが増えてきたんですけど、そうすると受講したことなくても大したことない、つまんなそう、中身なさそうという人も出てきて（笑）

ササダンゴ：アンチが。

菊地：そうです（笑）。でもあいつはああ言っているけど、わたしは好きかもという人もいて。結果として広がっていくならいろんな声があるのは宿命ですし、まあそういうもんだよなと肌で感じてます。

ゆるキャラとして活動するための秘訣

菊地：ササダンゴさんはゆるキャラとして活動しているという実感はあるんですか？

ササダンゴ：「ゆるキャラとして活動している」という実感を持ったら、その時点でゆるキャラではないですね（キッパリ）。

菊地：おお（笑）。

ササダンゴ：ゆるキャラとしてオファーを受けたらダメ。いかにそのカテゴリーから逃げるか。ゆるキャラは存在自体がゆるいわけなんで、パブリックな仕事はしちゃダメですし、行政の現場は全然ゆるくないですから。

菊地：ゆるくないですね。

ササダンゴ：例えば交通安全キャンペーンでお願いしますって言われたら、いやいやマスクかぶっている奴が車運転したらダメでしょう！視覚と聴覚が奪われているのに真似されたらどうするんですかって言います。衆院選の投票率を上げるというのもゆるくないから断りますよ。そこはやっぱりゆるくないですから。

菊地：確かに（笑）。このキャラはここに出したらイメージが損なわれるとかいったことは、意外と意識されていないですよね。

ササダンゴ：広告代理店が入るような行政の仕事はやってはダメだろうなと。あまりエスタブリッシュメントな仕事をやってはダメで、インディペンデントでないとダメです。

菊地：でも、立ち位置的にはそういう話がきちゃいますよね。

ササダンゴ：心を鬼にしてゆるくないといけないというか。かといってストイックになってもいけないですし、いばらの道ですよ。真面目に仕事した後は全てを帳消しにするくらい酒を飲まないといけないと思います。ちゃんとこう、バランスをとらなければいけない。そういう意味では僕はゆるキャラとしての意識が高いです。

菊地：えらすぎますね！（笑）。二〇一七年十月の衆院選の影響で、滋賀県彦根市で開催される「ご当地キャラ博」を辞退する自治体が多いことが話題になってて。ゆるキャラ担当の職員がそれどころじゃないってことなんでしょうし、このニュース自体はめちゃくちゃゆるくて笑い話なんですけど、その裏に透けてるのはガチガチすぎる行政的事情だなっていう。

ササダンゴ：地続きだということが言えますからね。

菊地：ササダンゴさんも透け感ゆるキャラの筆頭だとわたしは考えてるわけですけど、お話をうかがうと、透けている以上は、ちゃんと透けている自覚を持たないとってことですよね？

ササダンゴ：そう。透けている以上はネクタイ締めてちゃいけないんです。積極的にコンビニでお菓子とか買うようにしています。ブラックコーヒー飲みたいときも、甘い缶コーヒーを水代わりに飲もうと。

菊地：（笑）。Twitterとかやるときには意識します？

ササダンゴ：頑張っています。

菊地：仕事したり頑張ってる感を出さないように、ですよね（笑）。

ササダンゴ：ちゃんとしたやつだと思われたら終わりですからね。ゆるキャラのアカウントってちゃんとしてるじゃないですか。業務用でちゃんとチェック受けてて。炎上を恐れすぎて、とてつもないガチガチ感。あと、認証アカウントだったり。全然ゆるくない。認証されているんじゃないよ！と。

菊地：なるほど。いかにゆるくあれるかというのがかなり大事なんですね。確かにわたしも研究者として、将来への不安とか収入とかシビアな部分もあるんですけど、そういう話は出さず、心を鬼にしてゆるくあろうと一層心がけます！

ササダンゴ：……学生から人気あっても収入シビアなんですかやっぱり？

菊地：一コマいくらみたい話ですから。受講者数一人でも四〇〇人でも給料は変わらないです。立場的には若手レスラーとか芸人とかに近いかもしれないですけど……（以下、若手研究者の収入や社会保障事情に関するシビアな話がしばらく続く、が割愛）。

ササダンゴ：なるほど（笑）。みんないばらの道ですけどね。あまりちゃんとしてない方がいいですよ！

菊地：はい！　そう心がけて生きていきます！（笑）

読者へのメッセージ

菊地：取ってつけたようですが（笑）、大学生も読むような本なので、若い人に向けてメッセージがあれば。

ササダンゴ：意外とね、何も考えない、何もやらない時間を作った方がいいんじゃないかなと。今、やることいっぱいあって大変じゃないですか。みんな気が張って。何もやらない時期とか、パソコンなんか見ないで、ひたすらドラマやテレビを見るとか見ているだけでもいいんですけど、何も発信しないでボケーっとしたほうがいいですよね。

菊地：人形って誰かの言いなりになる存在と思われていて、その一方で人間にうまく操られないでそこからはみだしてしまう人形というのがずっとわたしの関心の中心にある、ということは、この本を読んでいただくとよく分かると思うんです。で、それはベタに人間の人形的な側面を考えるときにも有効なはずで。みんな自分の人形的な部分を自覚しながらもただ言いなりになるのではなく、休むという方法でもいいし、何か能動的なことをするのでもいいんですけど、そうやって様々な支配から逃れようとする人形たちへのメッセージという感じがしますね。

ササダンゴ：ゆるい方がいいです。だって大学出たら、自分のために自分の時間を使えない操り人形でしょ。だったら、今ちょっともうぼーっとできるならぼーっとした方がいいですよ。

菊地：そこからはみ出る練習ではないですけどね。それはプロレス的でもある気もしますね。プロレスラーもブックに従ってとか、フェイクだろと言われることがある一方で、ただの操り人形ではないし、一挙手一投足に色んな感情や表情や仕草が滲んで、むしろいくばくか操られている前提があるからこそ面白い部分もあって。何度も言ってますが、プロレスや人形劇、タレントでもマスクマンでもいいんですがそれらを図式的に現実／虚構の間にありますとわざわざ言うのも、もはやちょっと息苦しいし退屈。それはどっちでもよくて、それは当然引き受けたうえでいろいろ考えましょうっていう段階ですよね。

ササダンゴ：ほんとそうです！

菊地：いやあ楽しかった。本日はありがとうございました。　（一七年一〇月収録）

【註】

1　『マッスル』はマッスル坂井が主催し、二〇〇四年から一〇年まで定期的に開催されていたプロレス興行。試合終盤になると葉加瀬太郎の『エトピリカ』が流れ、レスラーの動作がスローモーションとなり心情ナレーションや映像が挿入される手法に代表されるように、競技性よりも演劇性や娯楽性に特化したスタイルで人気を博した。当時学生だったわたしは、演劇や人形劇そっちのけで会場に足を運んでいた。そのマッスルが製作していた『マッスル牧場 classic』は〇七年にテレビ埼玉で放映されていた番組。明らかに廃屋と思しき家にメンバーが突撃し、宿泊を試みる「埼玉に泊まろう！」や、「緊急追跡！！謎の未確認生物『アラカワール』を追え！！」と題し、荒川に棲息するＵＭＡを捕獲しようと手を尽くす回など、チャレンジングな企画が網羅された伝説的な番組。

2　ヨシヒコはＤＤＴプロレスリング所属で、マッスル坂井の弟という設定の空気人形型レスラー。今や日本を代表するレスラーのひとりである飯伏幸太選手との試合はどれも圧巻なので、読者のみなさんもぜひ機会があればご覧になってほしい。

第三部　人形愛のずっと手前、もしくはその傍ら

■新井素子流「ぬいさん」との暮らし方

ぬいぐるみさんと仲良しになる最善の方法は、気に入ったぬいさんといつも一緒にいて、せっせと話しかけてやることです。遠回りなようでも、結局それが一番の近道ですね。もう一つ、ぬいさんに対しては、思いやりを忘れないように。ぬいさんがいやだと思うことは決してやらないこと。そうすれば、ぬいさんはあなたが想像するよりもずっと長い間、あなたのそばにいてくれるでしょう（新井 73）

■バービー解放機構（BLO: Barbie Liberation Organization）によるテロ活動

そのメンバーは夜をはばかるテロ行為によって、ジェンダーのジョン・ウェイン派――「男は男」であり、「かよわい女」はおとなしく男のそばにはべって、いうことを聞いていればいいと主張する人びと――を恐怖に陥れようとしている。

このグループが初めて実力行使に出たのは、１９９３年のクリスマス・シーズンだった。１９５６年の古典的ＳＦ映画《ボディ・スナッチャー／恐怖の街》さながら、あっと驚く人格入れ替え事件が起こったのだ。ＢＬＯのメンバーは玩具店の棚から〈ティーン・トーク・バービー〉と〈トーキング・デューク・ＧＩジョー〉をさらってきて、発声装置を入れ替えたあと、こっそり棚に戻しておいた。何も知らずにこれを買って帰ったお客はぎょっとしただろう。表面的には何も問題なし。ところが、人形がしゃべりはじめたとたん、とんでもない異常事態が勃発。ほっそりとした女の人形が「銃弾をくらえ！」と叫び、筋肉隆々の兵隊が「お買い物に行きましょう！」というのだから。（Dubin 33-34［35-36］）

第五章　もてあます、人形へのその愛

人形への《愛》に向けて

本章で扱うのは人形への《愛》についてである。

江戸川乱歩の小説『人でなしの恋』では、夫が自分以外の《女》と逢瀬を重ねていることを察した妻が、土蔵を探したところ三尺ほど（百センチ弱）の娘人形を発見し驚愕する。妻は夫の相手が人形だったことにも驚いたが、何よりその《女》が「あまりに生々しい」ことに身震いしてしまう。（江戸川 184）

講義ではこの小説の一節を読みつつ、阿部寛と羽田美智子が共演した映画版を鑑賞する。若かりし頃の阿部と《女》の情事にうっとりしながら、さて人形を愛するとはどういうことだろうと考えるわけだ。E・T・Aホフマン（Ernst Theodor Amadeus Hoffmann）の『砂男』（*Der Sandmann*）やヴィリエ・ド・リラダン（Villiers de l'Isle-Adam）の『未来のイヴ』（*L'Ève Future*）、ミシェル・カルージュ（Michel Carrouges）の『独身者機械』（*Les Machines Célibataire*）あたりを参照しながら、ハンス・ベルメール（Hans Bellmer）や四谷シモンの球体関節人形にも言及する。淫靡、耽美、神秘、魔術といったキーワードを散りばめ、倒錯的で魅惑的な人形愛の世界に学生たちをいざなう。

これは確かに有意義な機会だ。しかし一方で、それだけでいいのかと思うわたしもいる。上述した作品に登場する人形愛は大雑把にまとめれば、いずれも男性がやや後ろ暗さを覚えながら女性人形への愛にふけるというものだ。そんな倒錯的な愛も確かに興味深いのだが、そうしたことを学ぶ前段階として、もう少し普遍的で身近な人形への《愛》に目を向けることは出来ないか。本章はそうした思いで書いた。

そこでまずは、ラブドールの話をしたい。ラブドールは元々、男性の性欲処理のために作られたものであったが、今日ではそれにとどまらぬ受容をされていて興味深い事象だからだ。(1)

ラブドールブーム？　について

巷ではラブドールが人気を博している。講義内でラブドールに関する展覧会紹介をすればチラシはどんどんはける。後日、学生たちから展覧会に関する詳細なレポートが寄せられることも珍しくない。

こうした人形はかつてダッチワイフと呼ばれ、男性向けの性欲処理の道具として認識されてきた。そもそもダッチワイフとは、十七世紀から二〇世紀中盤にかけてインドネシアに入植中のオランダ人が愛用した竹製の抱き枕を指した。オランダと戦争状態にあった英国兵が、敵を揶揄してこれを「オランダ人の妻」(dutch wife)と呼び、そこから転じて性欲処理用人形を意味するようになったという。由来も語の響きも差別的な意味合いが強いこともあって、ダッチワイフという呼称は今日あまり使われない。

近年では素材やデザインが進化し精巧なものも増えてきたため、そうした旧来のイメージとの差別化を図る意味もあってラブドールと呼称されるようになった。先述した展示はいずれも盛況で、レポートを寄せてくれる学生は性別も様々だ。人形購入者のなかにも、必ずしも性欲処理を目的としない層というのが存在するようだし、もともとの役割にかかわらず、姿形の美しい女性人形の一種として受け入れている人が案外多いのかもしれない。

そうした国内のムーヴメントの中心にいるのが、二〇一七年に創業四〇年を迎えた、ラブドールメーカーのオリエント工業である。元々は社長の土屋日出夫が障害者用ドールを製作したのがはじまりで、その後インターネットの普及などによって製品が広く認知されるようになった。

非常に精巧に作られているため遠目には人間の女性と見まがうような同社製品であるが、決し

図版引用25　写真集『愛人形』表紙　２０１７年刊
発行元　マイクロマガジン
近年ラブドールに関する展示が増えていることもあり、書籍も充実し始めている。オリエント工業４０周年を記念して出版されたこちらの書籍には、ドールユーザーによる手書きのアンケートが掲載されていて素晴らしい。

て人体の忠実な再現を目指しているわけではない。土屋は九九年に発売した彼らの最初のヒット商品「アリス」を例に挙げて、次のように述べている。

> 少女といっても、もちろん子供を性の対象にしているわけじゃありません。生身の人間で身長一四〇cmといえば小学校高学年くらいですが、実際にその年齢の服を着せてもサイズが合わない。というのも、スケールは小さいけどプロポーションのバランスは大人だから。つまり「アリス」はグラマーな女性のミニチュアなんです。生身の人間をそのままのスケールで再現するのでなく、現実にはないドールならではのバランス、そして愛らしさを追究してみたということですね。（高月 102）

ここで土屋は生身の人間の再現ではなく、「ドールならではのバランス」という表現で彼らの製品の独自性を語っている。こうした理念は、様々な商品展開がなされた今日にも引き継がれており、生身の女性のかたどりを行なう「ライフキャスト」という手法においてすら、必ず手直しをし「バランス」を調整するという。

土屋はその点について「リアルさが求められる反面、生々しいだけの人形は気持ち悪くて逆に敬遠されますから。そこで型取りした原型にまた手直しを加えて、ラブドールとして適度なリアリティを表現するようにしています」と述べる。(高月 118)

つまりここで言及されている「リアル」な人形とは、生身の人体の再現のみを目指したものではない。「リアル」という語には様々な含意があるが、《本当の》や《現実の》という以外にも《真に迫った》や《存在感溢れる》といった意味をもつ存在としてこれらの人形が捉えられているの

図版引用26 写真集『人造乙女美術館』表紙 2017年刊
発行元 筑摩書房
こちらは、オリエント工業の過去から現在に至るまでのラブドールの《進化》の歴史をたどった写真集。

かもしれない。それが結果的に多くの人々の琴線に触れ、前述した展覧会などの盛況ぶりにつながっているのだろう。

澁澤龍彦と人形愛

そう考えてくると、人形を愛する人間につきものだった「人形愛」という言葉がもつ淫靡な響きと、こうしたブームのありように隔たりを覚えなくもない。

「人形愛」とは、日本の人形文化研究における最重要人物のひとり仏文学者の澁澤龍彦が、ピグマリオニズム（Pygmalionism）にあてた訳語である。七四年発表の「人形愛の形而上学」には次のように書かれている。

> 人形愛という新造語を初めて文章のなかで使ったのは、たぶんわたしだろうと思われるが、当初の私の意向では、この言葉は、ヨーロッパで用いられるピグマリオニズムの翻訳語のつもりだった。ピグマリオニズムは公認済みの心理学用語、性病理学用語であると同時に、私の考えでは、この言葉の原因になったギリシア神話の主人公の野心のように、象徴的にもせよ形而上学への志向をふくまなければならないものなのである。形而上学というよりも、むしろ魔術といった方がぴったりするかもしれない。（澁澤 1974, 22）

ピグマリオンとはギリシャ神話に登場するキプロスの王で、自ら作った象牙の像に恋をした人物として知られている。そこから転じて、ピグマリオニズムとは人形や彫像のような無機物への性的嗜好を指すタームとなった。そしてそれを翻訳した「人形愛」という用語と共に、澁澤は日本における人形文化圏の礎を築いた。

ご存知の通り、澁澤の仕事は多岐にわたっている。なかでも本書の議論において重要なのは、彼が六七年に「イメージの解剖学——ふたたびベルメエル」と題してドイツ出身のシュルレアリスト、ハンス・ベルメールの球体関節人形を紹介し、次のように人形への愛をエロティシズムや自己愛と結びつけた点である。

いずれにせよ、彼のエロティックな関節人形が、現実の女よりも彼の意志にはるかに従順に支配される、いわば彼の理想の女であり、彼の自己愛の投影そのものであったことは間違いなかろう。

公園や満員電車や映画館の暗がりにも、おそらくベルメエルの妄執と同じ妄執をいだいた、無数の人間—彼らは痴漢と呼ばれる—がつねに出没していることであろうが、彼らには、ついに救いはないのである。軽犯罪的なセックスの妄執を、美に昇華できた芸術家は幸いである。ハンス・ベルメエルは、そのような稀なる資質に恵まれた、特異な画家とい

図版引用27　ハンス・ベルメール『ドール』　カバー写真
２０１１年刊　発行元　河出書房新社
しばしば誤解されることだがベルメールは人形作家ではなく、あくまでも写真の被写体として球体関節人形を選んでいたに過ぎない点は注意。

うべきであろう。（澁澤 2001, 52）

澁澤は七二年発表の「少女コレクション序説」においても「人形を愛する者と人形とは同一なのであり、人形愛の情熱は自己愛だった」と述べる。（澁澤 1974, 20）

こうして澁澤は人形をエロティシズムと結びつけ、人形を人形愛者による自己愛が生み出した分身、従順に支配される純粋客体とする見方を提起した。

さらに澁澤は「現代では、玩具や人形は、完全に子供だけの占有物となってしまったらしい」と述べ、エロティシズムとの関係を絶った人形たちの台頭を嘆き、それらを分析の対象から外した。（澁澤 1974, 27）

ピグマリオニズムが物体や偶像に対する性的嗜好を意味し、元は性病理学用語であることを考えれば、この澁澤の判断は一見妥当である。しかし学生たちの話を聞くうち、性病理学用語としての「人形愛」とはまた趣の異なる、澁澤に見向きもされなかったような人形たちと彼らの間の《真に迫る》、それこそ《愛》とでも呼ぶ他ない間柄について考えるようになった。

確かに七〇年代以降、澁澤や、澁澤を介してベルメールに出会い、日本の球体関節人形制作の第一人者となった四谷シモンらが人形文化圏を形成してきたのは事実だ。その一方で、二〇〇五年に雑誌『ユリイカ』が「人形愛」を特集した際、編集者はその企画意図を、人形が澁澤やシモンらによって牽引されるやや後ろめたい趣味にとどまらず、「一般の人にも抵抗がないものとして変化してきた」からと述べた。（恋月姫、金原 37）

管見の限り、人形を巡る状況は未だ過渡期のままで、一八年現在においてもこれは有効なアプローチだと思われる。そうであるとすれば、人形と学生たちが一定の関係を結んでいるとして（更にそれが《愛》と呼び得るようなものだったとして）、それを考察してみる価値は十分あるのではないだろうか。

そこで本章では、ラブドールと内気な青年ラースの特殊な間柄とそれを見守るコミュニティを描いた映画『ラースと、その彼女』や『くまのプーさん』などを取り上げてみたい。そうすることで、澁澤の述べたようなエロティックな純粋客体と人形愛者の関係とはまた趣の異なる、人形と人間のあいだに目を向けることになるだろう。それはきっと「人形愛」のずっと手前か、もしくはその傍らを見つめ直す機会ともなるはずだ。

『ラースと、その彼女』について

まずは『ラースと、その彼女』を取り上げる。

本作において描かれるのは一見、人間とラブドールの恋愛のようである。だが人形のビアンカの姿形が醸し出すのはそこはかとない間抜けさであり、エロティックな魔術性とは程遠い。澁澤の見据えたものとはやや異なる人形への《愛》に目を向けようとする本章にとって、本作を取り上げることは非常に有益だと思われる。

この『ラースと、その彼女』は監督クレイグ・ギレスピー（Craig Gillespie）、主演ライアン・ゴズリング（Ryan Gosling）で二〇〇七年に公開され、〇八年の第八〇回アカデミー賞脚本賞にノミネートされた映画作品である。あらすじを簡単に記しておこう。

ラースという内気な青年が、兄のガスとその妻カリンに紹介したい女性がいると打ち明け、ネットで注文したビアンカという名のラブドールを連れてくる。ラースはビアンカが宣教師でブラジル人であることなどを説明するが、ガスとカリンは困惑を隠せない。長旅で疲れているはずだからと理由を付け、ビアンカの治療という名目でラースを精神科医であるバーマンのもとへ連れていく。バーマンは、原因不明だがしばらくは調子を合わせて様子を観るべきだと進言する。ガスは受け入れられない様子だったがしぶしぶ納得し、教会にも相談へ行く。反発する者も少なくなかったが、コミュニティの人びとはラースの温厚な人柄に免じて皆で見守ることを決める。人々は積極的にラースやビアンカに声をかけ、美容院やブティックなど様々な場所で職を得るビアンカ。

やがてガスも、ラースの気持ちに寄り添うようになると、実はラースは自身が生まれるのと引き換えに母親が亡くなったことと、カリンが出産間近であることを重ね、強い不安を抱いていたことが明らかになる。一方、会社の同僚であるマーゴは複雑な心境だった。彼女はかねてからラースに思いを寄せていたからだ。ビアンカに夢中になるラースへの嫉妬もあり、マーゴは無理に恋人を作るが長続きしない。ある日、マーゴは勇気を出してラースをボーリングに誘い、お互いの距離は徐々に縮まっていく。

とある早朝、ラースはビアンカの寝室で叫ぶ。彼女が危篤だという。ガスとカリンは困惑す

図版引用28　ＤＶＤ『ラースと、その彼女』ジャケット（監督クレイグ・ギレスピー）２００９年発売
販売元　20世紀フォックス・ホーム・エンターテインメント・ジャパン
いうまでもないが右にいるのがビアンカ。これがオリエント工業製品だったら作品の与える印象は全く異なっていたと思われる。考えれば考えるほど絶妙な《キャスティング》である。

るが、結局救急車で運ばれるビアンカ。やがてビアンカは息を引き取る。教会で葬式が執り行われ皆が悲しみに暮れるなか、ラースのそばにはマーゴがそっと寄り添うのだった。

「リアル」なラブドール、その名もビアンカ

ビアンカは作中でアルバイトやボランティアに従事し、終盤には容体急変を受け救急車まで出動する。こうしたコミュニティのあまりのあたたかさにややファンタジックな印象を抱くのは事実だ。だが、ビアンカの《死》がどのように描かれ、それをラースや周囲の人々がどう受け取るかは、人形と人間のあいだについて考えを巡らせている本書にとって重要な問題である。

そうしたことを考えていく上でまず指摘しておかなければならないのは、本作の原題*Lars and the Real Girl*や、次に引用したガスたちがラースを連れてバーマン医師のもとを初めて訪ねた時のやり取りにも見て取れるように、ビアンカがラースにとって「リアル」な存在であるということだ。

ガス　妄想はいつまで？
バーマン　彼が必要とする限り。
カリン　力になる方法は？

バーマン　話を合わせて。
カリン　ムリです。そんな……。
ガス　まさか、冗談じゃないです。人形が本物だと？　そんなマネはできません。
バーマン　本物です（She is real）。つまり実在してる。
ガス　それはそうですが、人形ごっこなんかお断り。

ここでガスが一定の反発を示すように、作中にはビアンカへの抵抗感を持つ人物も少なくない。カリンの友人たち、教会の人々、ラースの職場の同僚主催のパーティ参加者、ガスの職場の同僚たちも最初は拒絶反応を示す。作中ではビアンカで性欲処理を行なう場面は描かれないが、彼女の《機能》を考慮すればこうした反応は無理もない。

それでいて作品全体として喜劇的な場面が多くシリアスになりすぎないのは、ビアンカのビジュアルのそこはかとない間抜けさによるところが大きい。一目見れば明らかなようにビアンカの姿形はお世辞にも精巧とは言い難く、オリエント工業製品と比較すれば際立ってファニーな印象を与える。(2)

それはビアンカの「リアル」さが、人体の正確な再現を意味するものではないことも意味する。あくまでもラースにとってどう感じられているか、彼の主観における「リアル」が問題とされているのだ。

ではこの「リアル」なビアンカをなぜコミュニティの人々は受け入れるのだろうか。

前述したように、当初はビアンカへの反応は芳しくなかった。その後、物語が進むと徐々にビアンカはコミュニティに受け入れられ、美容院やブティック、学校など様々な場所で職を得るようになる。そのことで、ラースがビアンカと共に過ごす時間は減り、彼がそれに怒りを覚えるほど人々は彼女を受け入れる。

人々がそうする理由は実にシンプルだ。それはガスとカリンが教会の人々にラースの現状を伝え、協力を依頼する次の場面でグルーナーが語るように、彼らにとってラースという人物が愛すべき存在であるから、に他ならない。

サリー　助けてあげたいわ。
アーニー　冒涜だ。
グルーナー　人形くらい何ともないわ。サリー、あなたの従妹は猫に服を着せてる。ヘイゼル、あなたの甥はUFOクラブに夢中だわ。アーニーの最初の妻は盗癖が。
アーニー　ウソだ。
グルーナー　私のイヤリングを盗んだ。
ボック牧師　もういい十分だ。
グルーナー　よくあることよ。ラースはいい子よ。私に任せて。

ガス　ありがとう。

すなわち、少なくともコミュニティの人々にとって、ビアンカを受け入れるのはラースを受け入れることと同義なのである。その点においてビアンカはまさにラースの分身で、それがたとえ自己愛の産物であったとしても、それも含めてコミュニティが彼に向き合おうとするのが物語の前半部であるといえる。

そして物語の中盤から終盤にかけては、近親者たちも改めてラースと向き合うこととなる。とりわけラースの兄・ガスとの対話は興味深い。ラースが作品終盤でガスに「大人になるということはどういうことか」としつこくたずねたあと、次のようなやり取りがなされる。

ガス　たとえば……人に不誠実に接しないこと。愛する人を裏切らず、家族を大切にすること。自分の過ちは認めようとすること。それが大人だよ。簡単に思えるけど難しい。
ラース　簡単なものなんかない。
ガス　父さんも一人で俺たちを育てず、孤児院へ入れてもよかった。でも俺たちのために何とか頑張った。心が傷ついていたのに。
ラース　……。
ガス　お前を家に残すべきじゃなかった。俺は陰気な父さんが怖くなり、逃げ出した。自分勝手だった。悪かったと思う。
ラース　いいんだ。
ガス　すまない。

先述したように、ビアンカやラースを避けるような態度、言動を繰り返していたガスだが、作品終盤のこの場面でラースに直接謝罪する。ビアンカとの「人形ごっこ」を通じてガスもまた、ラースと十分なコミュニケーションをとってこなかったことに気づき、《大人》として対話を試みるのである。つまり本作は、ビアンカという「リアル」な人形との交流を通じて、人々がラースと向き合う作品であると（ひとまずは）いうことが出来よう。

その上でもう一点指摘しておかなければならないのは、ビアンカの登場がラース自身にもたらした影響である。医師のバーマンとの対話の過程で明らかになるのだが、ラースはビアンカを除く人々を徹底的に拒絶する立場をとってきた。

バーマン　抱きしめられると心安らぐこともあるわ。そうじゃない？
ラース　僕は違う。
バーマン　気持ちいいわ。
ラース　ちっとも、痛いんだ。

バーマン　切り傷や打撲みたいに？
ラース　ビリビリする。寒い外にいて足が凍り、部屋に戻るとほぐれるように。しびれる感じ。
バーマン　相手が誰でも？
ラース　ビアンカは別だけど。彼女以外は同じ。
バーマン　誰にも触らせない？　でも難しいでしょ？
ラース　そうでもない、何枚も着てるから。防御してる。

この後、バーマンが彼の心を解きほぐすように彼の身体に触れ、少しずつ痛みを克服していく。作品終盤にはラースに思いを寄せ続けるマーゴとボーリングに行った帰り、彼の方から手を差し出し、握手をする場面もある。

先に引用したやり取りとこうした展開から明らかになるのは、本作が、過剰に寛容なコミュニティや家族が一方的にラースにやさしく接し、彼を受け入れようとする物語ではないという点だ。そうではなく、本作はラースもまたビアンカを通じて人々とコミュニケーションをはかり、一歩踏み出そうとする物語だと考えられる。

言いかえれば、どちらか一方の思惑を実現するためではなく、当初は円滑なコミュニケーションがなされていなかった双方を媒介するメディアとしてビアンカが機能しているのだ。

ビアンカはなぜ死ぬのか

そうであるとすれば、本作のクライマックスにおけるビアンカの《死》を改めて検討することが出来よう。

本章で取り上げてきたように、ビアンカはラースの部屋などの閉鎖的な空間で性欲処理の道具として使われるのではなく、むしろ積極的に《外出》し、そのことでラースと彼の家族や友人たちとの相互交流を可能にしてきた。それが出来たのは、ラースにとって「リアル」なビアンカを人々が受け入れ、そのことによってラースもまた、彼らを受け入れる準備を整えることができたからに他ならない。

その意味で本作は、ラースの自己愛だけでなく、人々による他者愛をも媒介し得るメディアとしての人形を描いた物語として捉えることが出来る。そしてそのメディアとして一定の役割を全うしたからこそ、ビアンカには物語の最後に《死》が訪れるのである。

しかしながら、こうした解釈を理解しつつも、役割を終えたビアンカが死んでしまうという展開には受講者から反発が多いのも事実だ。彼女の葬式に多くの人々が参列した後、墓地でラースとマーゴは次のような会話をし、映画は幕を下ろす。

ラース　悲しむなと言われたけどつらい。
マーゴ　私もよ。
ラース　悲しみは時が癒してくれる。みんなもそう言ってる。
マーゴ　本当よ。私もそう思うわ。でも彼女みたいな人はいない。私たちもそろそろ、みんなのところへ。
ラース　少し歩く？
マーゴ　ええ。

この場面のように、マーゴとの関係がうまくいきそうだったからビアンカを捨て《殺した》のではないか、ラースは身勝手すぎる、ビアンカの《気持ち》はどうなるのだという声は毎年それなりの数の受講者から寄せられる。確かにこの急な別れに反発を覚える気持ちは分からなくもない。

だがこのビアンカの《死》やマーゴとの関係の進展をにおわせる場面は、決して、人形を捨てることで人間との恋路に邁進しようとするラースを描いたものではない。そこで本章では、人形を捨てるという行為に関する心理学的な議論や作品を参照しつつ、このビアンカの《死》をとらえ直してみたい。

人形は捨てなければいけないのか

『ラースと、その彼女』のように劇的でなくとも、中学や高校、大学、社会人向け講座など様々な場所で、人形は好きだが上京や模様替えを契機に処分したというひとによく出会う。それぞれがどういう理由で人形たちと別れ、その件をいまどう感じているのかを聞くのは大変興味深いのだが、特に理由もなく人形をどこかのタイミングで捨てなければいけないと思いそうした、という人がどの年代にも一定数いる。

人形をどうしようとそれぞれの考えがあり、いかなる理由があろうともちろん個人の自由なのだが、もしそれが不本意な別れとなっているのであれば、《捨てなければいけない》と感じさせる外的な《なにか》にも問題があるのではと考えざるを得ない。

こうしたわれわれと人形の結びつき、その別れについて考えるにあたり「移行対象」(transitional object)という概念は参考になる。これは英国の心理学者、ドナルド・ウィニコット(Donald Winnicott)によって提唱されたもので、主に乳幼児が母と未分化の状態から移行し成長するために必要となる毛布やぬいぐるみを指す。

最も有名な例はスヌーピーでおなじみの『ピーナッツ』(*PEANUTS*)に登場する、ライナスの毛布だろう。ライナスは毛布を取り上げられると、日常生活がままならないほど混乱してしまう。移行対象は一般的にも広く知られた概念であり、それ故にぬいぐるみや毛布などへの強い執着＝

子どもめいたものという誤解を生む原因にもなってきた。

しかし次のウィニコットの説明を参照すれば明らかだが、移行対象とは決して乳幼児の心理のみを説明する概念ではない。

移行現象が幼児に許されるのは、客観的知覚には非常な努力がつきものであることを、両親が直感的に認識しているからである。移行対象がある場合、私たちはその場ですぐ、客観性または主観性に関して、幼児に問い質したりはしない。

もし、ある成人が自分の主観的現象の客観性を認めるよう要求するならば、私たちはその人を狂気と理解するか、狂気と診断する。しかし、その人がそんな要求をせず個人的中間領域を上手に楽しめるなら、私たちも自分自身の同様の中間領域に気付くことができ、互いの中間領域がある程度重なり合っていることを発見するとうれしく感じるのである。

(Winnicott 18［18-19］)

ここでウィニコットは、移行対象とは主観と客観が交差する中間領域に存在し、成人となってもそれなりに許容され得ると述べる。ライナスの例でいえば、彼にとって毛布は肌身離さず持っておきたい存在だが客観的にはただの布に過ぎない。その時の毛布は、まさに主観と客観の中間領域にあるといえる。ウィニコットはそれが狂気と紙一重であると言い添えてはいるが、誰かの主観において特別ななにかがあれば、それが客観的に見てどんな存在であろうと、その誰かが何歳であろうと、侵害されるいわれはないわけだ。

　すなわち、ウィニコットの理論について解説した井原成男も述べるように、あらゆる人が持ち得る中間領域という「主観的であると同時に客観的でもあるという二重性」を様々な事象に認めるための補助線として、移行対象という概念は有用なのである。（井原 1997, 117）

　またこれは第二章で言及した、ティリスの「二重視」の概念とも呼応するものだ。人形はモノと生き物の間を行き来し続け、その「揺らぎ」を「二重視」することが人形劇にはつきものだとティリスは述べた。ウィニコットの記述を踏まえれば、この時、まさに人形は主観と客観の中間領域に存在している。

　そうであるとすれば、仮に人形を捨てなければならないと強要して来る者がいるとすれば、

図版引用29　ライナスの毛布（*Peanuts* Vol. 9より）発行元　ＫａＢＯＯＭ！
受講者にとっての《ライナスの毛布》を聞くと色々と興味深かった。皆を戸惑わせたのは、毛布を持ったライナスが描かれたタオルを《ライナスの毛布》としていたという者が登場したことだ。

それは人形劇を楽しんでいる観客に向かって「あれは生きていない！　単なる人形だ」と言ってくるような野暮なやつということになろう。そんな輩のいうことを聞く必要がないことは明らかである。人形を無理に捨てる必要などない。自分が適当だと思う距離感で彼らと接すればいいだけだ。

『くまのプーさん』における別れ

こうした議論を踏まえると、まさにラースの中間領域にビアンカは存在することが分かる。だが彼女の《死》について考えるためにもう少しだけ寄り道をしたい。英国出身のウィニコットが、移行対象という概念を考えるにあたり念頭に置いていた『クマのプーさん』は、この点を検討するにあたりうってつけだろう。

作者のアラン・アレクサンダー・ミルン（Alan Alexander Milne）は実の息子であるクリストファー・ロビン・ミルン（Christopher Robin Milne）のために、部屋にあったぬいぐるみたちが登場する物語『くまのプーさん』をつくった。ディズニーによりアニメーション化されたことで世界的に広く知られることとなった本作だが、その幕切れは意外と覚えていない人が多い。

クリストファーはプーにある日、「ぼく、もうなにもしないでなんか、いられなくなっちゃったんだ」と告げる。クリストファーは近々学校に行くようだ。そのことについて、プーは分かっ

図版引用30『くまのプーさん　プー横丁にたった家』表紙　1962年刊
発行元　岩波書店
ちなみに2018年秋にはプーさんと大人になったクリストファーを描く実写映画の公開が予定されている。

たような分かっていないような様子なのだが、学校に行った後の世界を生きるわれわれを、否が応にもセンチメンタルな気分にさせるセリフだ。それと同時に、『くまのプーさん』の物語が一〇〇エーカーの森で起きる他愛のない出来事の連続で、その「なにもしない」ことがクリストファーにとって、とても大切な瞬間であったことも分かる。

　そして、クリストファーとプーは必ず再会することを約束して、次のように物語は締めくくられる。

「さぁ、いこう。」
「どこへ？」
「どこでもいいよ。」と、クリストファー・ロビンはいいました。

そこでふたりは出かけました。ふたりのいったさきがどこであろうと、またその途中にどんなことがおころうと、あの森の魔法の場所には、ひとりの少年とその子のクマが、いつもあそんでいることでしょう（Millne 180-181［391］）

この結末は何か。ここまでの議論を踏まえれば、決して「なにもしないでなんか、いられなくなっちゃった」場合は幼少期に大切にしたぬいぐるみや人形を捨てたり、別れなければならないことを意味するものではないと分かるはずだ。

そして、「ふたりのいったさきがどこであろうと、またその途中にどんなことがおころうと、あの森の魔法の場所には、ひとりの少年とその子のクマが、いつもあそんでいることでしょう」とあるように、クリストファーとプーは客観的に見て同じ時間をだらだらと過ごす機会は少なくなってしまうが、彼らの主観においては「森の魔法の場所」に出向きさえすればいくらでも遊べることが示唆されている。すなわちクリストファーが大人になったとしても、彼の中間領域が直ちに消滅するわけではないのである。

人形との成熟した関係への「移行」

よって人形を捨てるべきか否かという問い自体が不適切だったかもしれない。人形を捨てようと捨てまいと、ここで描かれているのは、物理的に時間を共にできなくとも精神的にはいつでも強く結びつきうるという、より成熟した関係への「移行」である。(3)

こうした「移行」を考えるとき必ず思い出すのが、とある女子高で「われわれはぬいぐるみを捨てるべきか」と題し、出張講義を行なった際のことだ。講義を終えたわたしのもとに、受講者の何人かから感想メールが来た。

独学で人形を製作している者や大学に進学し人形の講義を受けてみたいと言ってくれる者など、素直で熱心なリアクションが嬉しかったのだが、その中に、ごく最近ずっと大切にしていたぬいぐるみを捨てたという者がいた。彼女は幼少の頃から病気がちで、あまり外出して遊ぶということがなかったらしい。そんな彼女のよき遊び相手となったのが、身の丈一メートルほどもある巨大なアザラシのぬいぐるみだった。一〇年以上の付き合いだったのだが、家庭の事情等もあって手放さねばならなくなり、彼女はそれ以来、後悔の念に駆られ、そのアザラシの夢をみることまであったそうだ。そんな時にわたしの講義を受け、自分とアザラシは物理的には離れてしまったが、より成熟した関係に「移行」しただけなんだと思い直すことが出来たという。文末には、アザラシと夢でまた会えるのが楽しみになったと書き添えられていて、思わず涙が出そうになった。

この彼女とアザラシの間柄を念頭に置けば、『ラースと、その彼女』の幕切れも、ビアンカの肉体が滅びたことを憂えるだけでは十分ではないと分かるはずだ。既に、本作は一方的にラースが受け入れられるのではなく、ラースもまたビアンカをメディアとすることで人々を受け入れようと一歩踏み出す物語なのではないかと述べた。それはここまでの議論を踏まえれば、ラースが中間領域にビアンカを据え、人々もまたその中間領域を許容した上で、さらにラースが人々と「中間領域がある程度重なり合っていること」を受け止める準備を整えていくプロセスを描いていると言い換えられる。

それを象徴する重要な場面が、作品の終盤にある。ここでマーゴは同僚ともめ、大切にしているクマのぬいぐるみをひもで縛られ《殺害》されてしまう。自分に関心を示してくれないラースへの当てつけで付き合い始めた彼氏と別れたばかりだったこともあり、傷ついたぬいぐるみを手に涙を流すマーゴ。するとラースはぬいぐるみを手に取り、心音を確かめ、人工呼吸を施すことで《蘇生》に成功する。一見、ラースの心優しい性格が描かれたに過ぎない場面のようだが、ここまでの議論からこれはラースがマーゴの中間領域とも向き合い、それを介して二人が心を通わせた重要な場面として捉え直すことが可能だ。

それを踏まえれば、一見酷にもみえるマーゴとの未来をにおわせる本作の幕引きは、決してビアンカとの断絶を意味するものではない。むしろビアンカの肉体が滅びようとも彼らの間で中間領域が共有されている限りいつでも《蘇生》可能であること、そしてプーとクリストファーがそうであったように、人形と人間が成熟した関係へ「移行」していこうとしているさまを、葬式を経て絆を深めるふたりの姿を通じ描いた場面ととらえるべきなのではないだろうか。

こうした議論を経ると、主観と客観の入り混じった中間領域における人形と人間の交流は、澁澤が重視したエロティシズムとの結びつきが希薄だったとしても、十分《真に迫る》、もしかしたら《愛》と呼べるような関係だといえるはずだ。そうしたありかたを見つめ直すための現代の寓話のひとつとして、『ラースと、その彼女』は位置付けられるのである。

時にそのふるまいは暴力にもなる

「人形愛」やそれにまつわる事象について講義で扱う時の学生の反応はなかなか興味深い。様々な事例を取り上げ紹介すると、理解のキャパシティを超えたという者がいる一方で、しばしば作品の内外で示される冷ややかな反応に対し、「ひどい」、「これが世間か……」とナーバスな感情を抱く者も少なくない。

講義で毎年、人気テレビ番組『探偵ナイトスクープ』の「マネキンと結婚したい」という回を見せることにしている。そこには、ひとめぼれをしたマネキンと再会し、可能ならば彼と結婚したいという女性の相談者が登場する。結果的に彼らは見事再会を果たし、ノリの良い親族らとマネキン側の家族も列席し結婚式をあげ、バラエティ番組としては大団円を迎える。

しかし、冒頭で相談者の手紙を読む際や、ＶＴＲが流れている最中の観客やスタジオのタレントたちの反応はかなり冷ややかである。バラエティ番組なので仕方がないとわかってはいるものの、学生たちの中にはその冷たさにショックを受ける者や怒りを覚える者も少なくない。

わたしの講義の受講者には少なからず人形愛好者もいるので、こうした反応は無理もない。一方で、そうしたリアクションが寄せられるとは露ほども思わず、自分がその映像を見て、ただただ爆笑してしまったことを強く後悔する者もいる。自身が愛好していなくてもそうした多様性に思いを馳せるための、ある種のイニシエーションの機能を図らずも講義が果たしていたのかもしれない。

そうした一連の反応を紹介しつつ、受講者たちには必ず注意も喚起することにしている。ここまで述べてきたようにわたしの講義では、人形との《愛》と呼び得るような関係性について考えるためのヒントを、大衆的な作品や文化事象に求める。だがそこで得た知見によって、エロティックで魔術的な対象としてラブドール等をとらえ接している人たちに、よき理解者を装い結果的に《暴力》をふるってしまうことがあってはならないのだと。

もちろん展覧会に出向き、現代風俗文化のひとつとして精巧に出来た人形たちを消費することには罪はない。だが一方でそれらが有してきた／いる、いかがわしさや後ろ暗さのようなものをなかったことにすべきでもない。読者の皆様にも、《愛》とはそれほどにややこしく、それゆえに魅力的なのだということをくれぐれもお伝えしておきたい。

【註】

1　リアルドールやセックスドールなどと呼ばれることもあるが、本書ではラブドールで統一する。

2　その一方で作品終盤、湖畔で《瀕死》の状態にあるビアンカの《顔色》や《表情》が、われわれに刻一刻と《死》が迫っている事実を突きつけてくるのも事実だ。もちろん照明やメイク等の効果も大きいのだろうが、作品前半の彼女のファニーさはこの場面のための《演技》だったのかもしれない、と思わせる妙な説得力がある。

3　この中間領域に存在する《人形》との関係の変容を描いた物語は、枚挙にいとまがない。例えば『るつぼ』(*The Crucible*)などでしられる劇作家アーサー・ミラー(Arthur Miller)原作の絵本『ジェインのもうふ』(*Jane's Blanket*)は次のような幕切れである。

「とりのすのなかにあっても、もーもはやっぱり、あたしのものかしら。」

「そうだよ。ジェインがもうふのことをおぼえているかぎりね。ジェインがもうふのことをおもいだすと、もうふは、また、ジェインのものになるんだよ」(Miller 58［62］)

『ジェインのもうふ』は一見、ジェインが毛布と決別する物語のようだ。だがここまでの議論を踏まえれば、客観的には毛布はジェインと離れ、「とりのあかちゃん」の所有物となるわけだが、ジェインの主観において彼女と毛布は強く結びつき得る。つまりこの幕切れは、中間領域にある毛布との関係をいかに構築できるかを描いた作品であるといえる。

またこうした描写には、第一章で取り上げた『トイ・ストーリー3』との関連を見出すこともできよう。アンディがボニーにウッディを手渡す際に、「勇敢なカーボーイで優しく賢い。何よりすごいのは友達を見捨てないこと。絶対に。どんな時もそばにいる」と述べる。『トイ・ストーリー』シリーズを俯瞰するような言葉で、作品自体がアンディの妄想だった可能性すら浮上する場面である。それはともかく、少なくともここから明らかなのは、アンディは大学生になるからといって、オモチャを単なるモノ扱いするような《成長》を遂げたわけではないという点だ。オモチャたちと共に「なにもしない」をし続けることが難しくなっても、中間領域を捨てないアンディに、クリストファーの近い未来を重ねることは可能だろう。

第六章　リカちゃんはなぜ太らないのか

リカちゃん論に向けて

本章では二〇一七年に五〇周年を迎えたリカちゃん人形を取り上げる。五〇年選手だといってもリカちゃんはまだまだ現役だ。学生の中には格別の思い入れをしている者も少なくないし、それぞれがリカちゃん観、リカちゃん論を持っているといっても過言ではない。よってリカちゃんについての講義をすると時折、「わたしのリカちゃんはそうではない」とお叱りを受けることがある。

そんなときは自分の力不足を恥じつつ、一方で、リカちゃん文化圏かくあるべしと嬉しい気持ちになる。人形が、いかにわれわれ人間にとって身近で思い入れの強いメディアであるかを再確認する機会にもなる。

だからというわけではないが、本章ではお叱り覚悟で「リカちゃんはなぜ太らないのか」という奇妙なタイトルを掲げてみた。バービーやジェニーは案外あっさりと《太る》のに比して、リカちゃんはなぜ太らないまま今日にいたるのか。そんなことを歴史や映像や広告、SNSも含めて検討し、考えてみたい。そこにもまた《愛》と呼び得るような、人形と人間の結びつきが見えてくるはずだ。

そうしてリカちゃんを論じるための前段階として、本章ではまず初音ミクに言及する。わたしは初音ミクにさほど関心を持っていなかった。ユーザーが初音ミクを操作することを「調教」と呼ぶと聞いて、やや嫌悪感を抱いてすらいた。しかし、ライブDVDや様々な資料に目を通してみたところ、そう単純な話でもなかった。人形文化に対する重要な問いを提起する存在だと今では考えている。そして何より重要なのは、初音ミクについて考えることで得られる観点は、リカちゃんとわれわれの関係をとらえ直すために極めて有用だということだ。よってまずは初音ミクに対する論点を整理し、リカちゃん論の導入としたい。

初音ミクについて

初音ミクとは、二〇〇七年八月にクリプトン・フューチャー・メディアが発売したDTM用

図版引用31　初音ミク初期設定絵
この一枚の絵もきっかけのひとつとなって、その後の様々な展開を引き起こしたことを思えば、シンプルながらも決して侮ることは出来ない図像である。

ソフトウェアの名称である。(1)

一八年現在、かつてほど人気があるとは言い難い。だが十数万曲以上といわれる楽曲の中から人気作を選び、大型のプロジェクターとスクリーン、スピーカーなどを使用し、3DCGによって描かれた初音ミクがコンサートを実施するという試みは継続して実施され、安定的な動員を誇っているのも事実である。

初音ミクライブにおけるアクシデント

初音ミクのライブにおいてはこれまでいくつかのアクシデントが報告されているものの、その中でも有名な二例は以下のものだ。(いずれも市販のライブDVDに特典映像として収録されている)

・一二年三月九日の東京ドームシティホールで開催された『ミクの日感謝祭』にて、『ワールドイズマイン』歌唱中に音声が途切れる。
・一五年九月五日の『マジカルミライ２０１５』で、初音ミクの派生ボーカロイドである鏡音リン、鏡音レン『リモコン』中に映像が途絶え、約二〇分の中断。

もちろん機材トラブルは、あらゆるパフォーマンスにおいて想定されるようなものであり、ＤＶＤの特典映像として収録されるドキュメンタリーによくみられる場面といえる。しかしここで注目したいのは初音ミクのライブにおいて発生した機材トラブルへの、観客たちの反応である。該当場面を確認すれば明らかだが、実はトラブルに際し観客たちが舞台に向けて「ミクちゃーん」、「ミクちゃん頑張れー」、「ミーク！ミーク！」などと声援を送っている。なぜ彼らは声をあげるのだろうか。

端的に言って、これは初音ミク的としか呼びようのない瞬間だ。その点を理解するために初音ミクを取り巻く人々の証言を参照しておこう。

初音ミクの開発者である佐々木渉は「ミクのポテンシャルは、色々な意味性や姿形をかえながら残っていける声そのものだと思うので、何かが固定してしまうような状況は必ずしも良くない」、「どんどんなんでもありになって、自分の手元から離れていってもかまいません。治外法権のキャラクターとして初音ミクが存在しつづけていくのが一番良い」と述べる。（佐々木 55）

ここで佐々木によって示されている立ち位置は、初音ミク利用においてガイドラインを設けながら、ユーザーの創作活動を極力妨げないという実状にも反映されている。
　またこうした理念は、ソフト開発者だけでなく商品を実際に手にしたユーザーや、それを受容する人たちによっても（個人差はもちろんあるだろうが）かなりの程度共有されているようだ。白田はそうした状況を指して「誰もミクへの全面的な支配権を主張」できない「アンチコモンズ」の状態にあると述べる。（白田 113）
　更に、これはライブパフォーマンスの観客たちでも同様だ。カリフォルニア大学のタラ・ナイト（Tara Knight）は初音ミクに関するドキュメンタリーの制作者であるが、ライブに居合わせたファンたちの反応について次のように述べている。

　私が取材したファンは、みなミクが特定の人格を持つとは考えていませんでした。彼女はレディー・ガガのような単独のポップアイコンではなく、そのときどきによって異なる個性をまとうのです。彼女は誰にでもなれます。それは、ファンにとって彼女が自己表現になりうることを意味します。ミクが肉体を持たず、その場限りの存在であることは、視聴者と演奏者、あるいは消費者と制作者の間にこれまでにない関係性をもたらしたと思います（遠藤　106）

こうした反応から明らかになるのは、初音ミクはユーザーにとっても支配したり、自在にコントロールすることが困難であるばかりか、それを受け取るファンにとっても、「自己表現」となりうるほど想像／創造の余地を残した存在であるという点だ。

そうなると、機材トラブルに際し観客たちが「ミクちゃん頑張れー」と声援を送るのも「自己表現」の一環ととらえられる。しかし講義でこの場面の映像を流すと、感動したという者もいる反面、観客のことを気味悪く思う者も少なくない。なぜか。

その原因のひとつは、初音ミクライブにおける観客の身体がふたつに「分裂」していることにあると思われる。この点について、ポピュラー音楽研究者の広瀬正浩は次のように述べている。

> 初音ミクのコンサート会場でのあの熱狂を第三者的に眺めれば、非実在的な「萌え」キャラがCGとなって映し出されたスクリーンに向かって盛り上がっている「オタク」の騒ぎとしか映らないだろう。だが本書の立場から言えば、その見方ではすでに分裂してしまった観客の身体の片方しか捉えられない。このときの観客は、一方で平坦なスクリーンに熱狂する「オタク」然（？）とした身体――現実世界に取り残された身体――を第三者の目にさらしながら、他方で電子メディアの利用によって拓かれる空間でその実在が可能になる身体を獲得し、その身体を通じて初音ミクと現前し合う関係を構築しているのだ。（広瀬　265-266）

ここで広瀬は、初音ミクライブにおける観客が、現実世界に取り残された身体と電子メディアを利用することで実在が可能になる身体とに分裂していると指摘している。その両方をとらえなければ、初音ミクライブの観客について理解することは出来ず、気味悪く思う者が出てくるのもやむを得ないというわけだ。その上で広瀬は、従来的な意味での「実在」を超えた身体を獲得することができる点に初音ミクライブの独自性を見出している。（広瀬 266）

そしてそうであればこそ、かのアクシデントは単なる機材トラブルではなく、初音ミクというバーチャルな存在との埋めようのない断絶を再認識する機会ともなりうる。客観的に見れば、スクリーンに投影された電子データと対峙していただけではないかと、観客たちの身体の分裂は、儚い夢でも見ていたかのように解消されてしまいかねない。

しかしそれ故に（もちろん初音ミクの《従来的な意味での》非実在性など重々承知の上で）、ライブパフォーマンスに訪れた観客という立場を生かした想像／創造的な「自己表現」として、彼らは彼女に声をかけるのではないか。そうすることで彼らは身体の分裂を、取り戻そうと試みるのである。そんなふるまいを可能にするのは、開発者、楽曲製作者、観客に加えライブのエンジニアたちにとってすら、決して自在に操作や支配可能な存在にはなりえないという、初音ミクの、単なるモノとは異なる《人形》としての性質に他ならない。(2)

こうした初音ミクとの想像／創造的な関わり方は、人形と人間のあいだに目を向けている本書にとって極めて示唆的だ。そこでこうした初音ミクの性質を念頭に置きつつ、今や世界的にも認知されつつある着せ替え人形、リカちゃんを取り上げてみたい。

リカちゃんがいる同窓会の景色

もともとわたしはリカちゃん人形に強い思い入れがあったわけではない。それでもこうして取り上げるのは、リカちゃんのとあるテレビCMが忘れがたいからだ。それは二〇〇二年に放映されていたエステ会社TBCによる次のようなものである。

同級生A：てゆうかさ、あれ誰だっけ？
同級生B：誰あれ？
同級生C：あー、あれリカちゃん！
同級生B：はっ！
同級生A：うそ！
同級生A＋B：リカちゃん!?　うっそー
同級生C：本当だって。赤リボンにこの服全く一緒じゃん。
同級生A＋B：ショックー。
同級生A：憧れだったのになー。

同級生C：ねー。
同級生B：ミス白樺よー。アイドルっていう感じじゃないじゃん。
同級生A：じゃないよねー。
同級生B：だってモデルになるんだって思ってたもん。
同級生C：なんか時の流れは残酷だよねー。
同級生A＋B：だよねー
同級生B：あんなに細かったのにね。
同級生C：こっち見た！！
同級生A：ほんとに見てる、見てる。
同級生B：うそー、うそ、うそ、うそ。
同級生C：聞こえたかな？
S：いそいで、へらさなきゃ。
NA：誕生、シェイプTBC。（福里 279）

ミスコンで優勝するほどの美貌を持ちながら同窓会に当時と同じ服装で登場し、体型は周囲が目を疑うほど様変わりしてしまったリカちゃん。エステ会社による新サービスを宣伝するにあたり、本来太るはずのない《彼女》の登場は非常にインパクトがある。また同級生に噂されているのを察知したリカちゃんが、こちら側を見つめる視線は、目をそらして逃げ出したくなるほどこわい。

実はこうしたリカちゃんとダイエットを結びつけるような試みは、特段珍しいものではない。このＣＭと同年に刊行された『リカちゃん日記』には、ファッションライターとして雑誌社に勤めるリカちゃんが、恋をきっかけにモデル体型を目指しダイエットに励む様子が描かれている。(香山 65-69)

リカちゃん関連の書籍やグッズは膨大にあるためそのすべてに目を通すことは到底かなわないが、他にも類する試みが存在しても不思議はない。

しかしながら、管見の限りリカちゃんの名を冠した映像作品、書籍等を見ても、自らの太った姿をさらした上にわれわれを睨みつけるような、このエステＣＭほどインパクトのあるものには出会えなかった。つまり、(奇妙なことをいうようだが) リカちゃんは基本的に太らないのである。

そこでここからは「リカちゃんはなぜ太らないのか」を問題提起としつつ、このエステＣＭが提示するリカちゃん像に彼女や彼女を巡る文化圏の成熟を見出していく。そのためにまず体型に対する観点の歴史的な変遷をおさえ、その中でバービーやジェニーといった人形たちの今日的な位置づけを探る。その上でリカちゃんの独自性やその可能性について考えてみたい。

ぽっちゃりしたバービー

リカちゃんの体型が時代とともに変遷しているというのはよく知られている話だ。十一歳であることや身長こそさほど変化はないが、顔やバストやヒップ、素材などのマイナーチェンジが行なわれており、リカちゃん人形研究の第一人者である増淵宗一が指摘するように「少女たちとその時代や社会を映している」のは間違いないだろう。（増淵 1992, 18）

こうした社会の写し鏡としての人形という性質は、リカちゃんよりも七年先輩のバービーにも見出せる。とりわけ本書にとって重要なのは、二〇一六年販売開始の「ファッショニスタ」と題されたシリーズで、ぽっちゃり体型の人形が登場した事実である。その背景にあるのは、われわれ人類がたどってきたぽっちゃり身体を巡る意識の変遷であり、それがこのバービーの体型の変化にも反映されている。

図32はフランス南部のレスピューグで出土した約二万年以上前に作られたヴィーナスと呼ばれる土偶である。当時の食糧事情を踏まえ人々の栄養状態を考慮すると、このような体型の女性が存在していたとは考えづらく、ある種の理想像、アイドル、ポルノのようなものとして存在していた可能性が高い。（ロミ 30）

当時は、肉体的に豊満であることが人々の理想としてとらえられており、それを土偶＝人形が体現していたといえよう。

こうした身体観は少なくとも十八世紀頃までは広く共有されていたが、同時に少しずつ肥満に対する否定的意見が増え始めてもいた。歴史家のニコル・ペルグラン（Nicole Pellegrin）は十八世紀にパリで書かれた健康に関する格言を次のように紹介している。

健康に恵まれて長生きしたいならば、どんなことでも、とくに飲み食いで度を超してはならない。いつでもすこしは食欲を残して食卓を離れよ。酩酊を恐れよ。度を超すな、仕事でも、夜更かしでも、口に出していわないが、大目にみてもらえることでも。いつでも身体を清潔に、できるかぎりきれいにしておけ。肉食よりも肉抜きで生き、身体に肉と脂をつけないように。そうなると窮屈になるから。（ペルグラン 147）

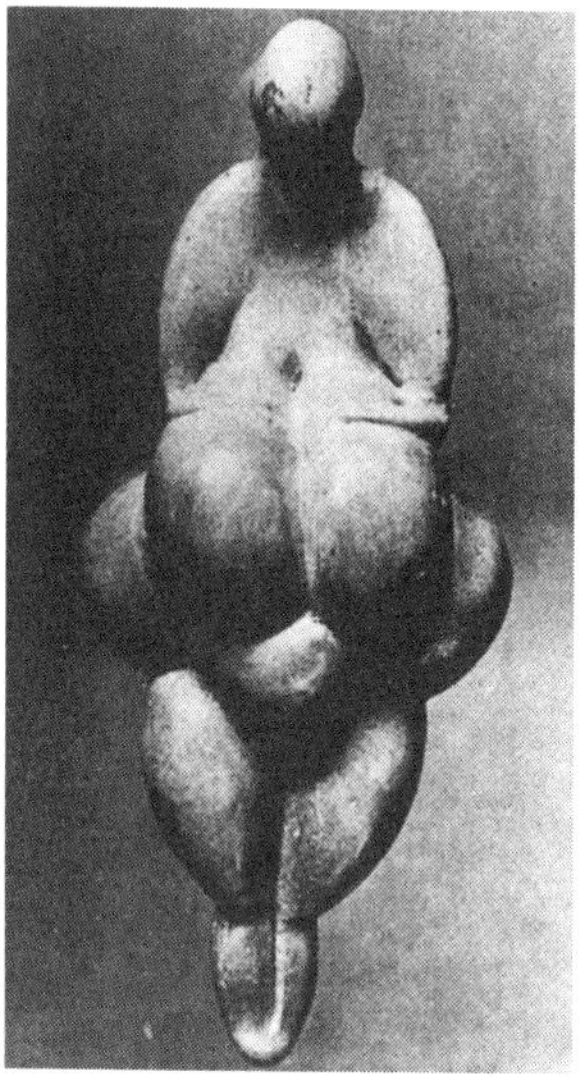

図版引用32　レスピューグのヴィーナス（ロミ　33）
艶めかしくも怪しい、それでいてコミカルでもあるこのヴィーナスがどのような目的で作られたのか、それがはっきりとは分からずいくらでも想像をめぐらすことができる点も魅力のひとつなのだろう。

その後、十九世紀末から二〇世紀初頭にかけて、肥満によって被るリスクがより一層強調されるようになっていった。その背景には、広告等も手伝って痩身を美徳とする観念が世間に広がっていったという事情がある。

そして歴史家のパスカル・オリー（Pascal Ory）なども指摘するように、バービーもまた、この痩身ムーヴメントを強化し牽引する存在として位置づけられてきた。（オリー 167）

少女たちが理想とする美しい女性の象徴という役割を、長らくバービーが担ってきたのである。

一方、今日の社会においてそうした潮流に疑義が申し立てられていることも多くの人が知るところであろう。近年、ファッションモデルが拒食症で死亡する事故などがあった影響で、極度に痩せたモデルの採用を規制する法律が施行されるなど、人々の体型をめぐる意識は軌道修正を余儀なくされている。

すなわち、上述した新シリーズ「ファッショニスタ」は、バービーという人形に発売以来長らく付与されてきたイメージや、彼女が牽引してきたとされる潮流に疑いを示す試みといえる。加えて、こうしたことが可能になるのはバービーという人形が時代の要請に応じて、単なる理想を描くためのメディアにとどまらぬ、社会的影響力を有した存在として認知されたことの証明でもあろう。

では日本の人形ではどうか。ここではまず、バービーの日本版として販売が開始されたという背景をもつジェニーについて検討してみたい。

ジェニーについて

リカちゃんと同じタカラが販売したジェニーも、一時はリカちゃんを凌駕するほどの人気を誇ったこともあり、近年の日本の人形を語る上で欠かすことのできない存在である。

なかでも着目したいのは、〇七年十月から三か月にわたって放映された深夜テレビ番組『Kawaii! JeNny』（かわいい！ジェニー）における《彼女》だ。平成『ゴジラ』シリーズの特技監督として名を知られる川北紘一が監督を務め、市販の人形に若干の改造を加え、操演を行なっ

図版引用33　DVD『Kawaii! JeNny』ジャケット
（監督川北紘一）２００８年発売　販売元 東宝
ジェニー販売停止直前に作られたことを思えば、どういう経緯があったにせよこうした実験的な作品が世に放たれたという事実に強く敬意を表したい。

てセリフをオーバーラップさせるという独自の手法を採用して当時話題を呼んだ。

大まかな物語は、ジェニー、なでしこ、アキラの三人からなるスイーツ・エンジェルズが、Ｍｒ．クラウンの指示に従い（時に反発し）、シスターＢ率いる秘密結社エイブランと戦い（時に馴れ合い）、この世界のおしゃれとスイーツを守るというものであった。ジェニーたちが不当な労働環境にしびれを切らし、その改善を訴える十一話『ストライキ』や、捨てられたことで復讐心を燃やすバレエシューズとジェニーたちの心の交流を描いた十二話の『バレリーナ』など、荒唐無稽ながら見るべきところの多いシリーズであるといえる。こうしたなかでも着目したいのは、十六話の『ダイエット』だ。あらすじは次のようなものである。

ジェニーはスイーツの食べ過ぎで太ってしまう。なでしことアキラの協力を受け、ダイエットに励むも、夜中にどうしても食欲を抑えることが出来ずリバウンド。翌朝、なでしこらに厳しく叱責されるも、恋する先輩ハリーに振り向いてもらうために再度奮起し、減量に成功する。しかし過激なトレーニングを繰り返したせいでジェニーの身体は筋骨隆々になってしまい、当初のもくろみが外れたとジェニーは激怒し、幕。

本作は人形たちの動作が敢えてぎこちなく仕上げられていることや、スラップスティック・コメディ調の展開もあいまって、一部で熱狂的な支持を集めている。本書を執筆するにあたり、リカちゃんが登場する映像作品にもかなり目を通したが、《人形が労働環境の改善を訴える》、《人形が太る》というような実験性をたたえたものに出逢うことは（前述したＣＭは例外としても）

叶わなかった。

一体それは何故か。その原因としてひとつ考えられるのは、〇七年度末にジェニーのファンクラブが解散となり、〇八年には生産そのものが中止されてしまうのだが、その直前の時期に本作が発表されていることとの関連である。

つまり、ジェニーというキャラクターを中心に据えた本作が半ばやけくそに作られた結果、他に類を見ない実験的な作品を生み得た可能性は否定できない。

《女優》としてのジェニー

そしてもうひとつ考えられるのは、ジェニーというキャラクターの出自との関連である。端的にいえばジェニーは元々バービーだったのであり、その結果ある種の奔放さを獲得したと考えられるのだ。ジェニーが販売される際に付与された彼女の公式設定を参照しよう。

一　アメリカンフットボールの試合を応援するチアリーダー、バービー。チームを盛り上げるため一所懸命
二　試合終了後、バービーは一人の男性から声をかけられる。それがミュージカル「ジェニー」のプロデューサーだった。

三　ミュージカルの主役にスカウトされたバービーは、毎日厳しい特訓を続ける。次第にミュージカルのとりこになってゆく……。

四　やがて、初日の幕が開く。心を込めて熱唱するバービー。見つめる人々の目。

五　ラストシーン。嵐のような拍手が沸き起こる。この瞬間バービーはもうバービーでなくなった。

六　プロデューサーが祝福をこめて言う。「さあ、バービー、今日から君はジェニーなんだよ。カーテンコールを受けてきなさい。」今、ニュースター「ジェニー」の誕生です。

(JeNny Golden History 製作委員会 22)

そもそもなぜこんな（やや取ってつけたような）物語が必要になったのだろう。その原因のひとつは、一九八二年よりタカラが販売していたバービーのライセンスが切れ、八六年から名前を変えて販売することを余儀なくされたという極めて現実的な事情による。

しかし、そうした状況を乗り切るべく急造された設定であるものの、ジェニーがバービーによって舞台上で披露された役柄のひとつであり、そこには当初から《演技》が介在しているというメタシアトリカルな設定は見逃せない。なぜならジェニーは生まれながら《演技》を宿命づけられたいわば《女優》なのであり、まさにそのことによって、やけくそにもみえるような物語を《女優》として担うことが可能になったと考えられるからだ。

リカちゃんはなぜ太らないのか

ここまでバービー、そしてジェニーについて検討を行なってきた。では肝心のリカちゃんはこうした人形たちと比べてどういった存在なのか。それを検討することで「なぜリカちゃんは太らないのか」を明らかにしたい。

リカちゃんの生みの親として知られる小島康宏は、リカちゃんの評判は当初決して芳しいものではなく、その一因に《彼女》の体型があったと次のように語っている。

> 「こりゃまるで、病人のようだ」
> 「お客様はね、もっとふっくらしたものを好むんだ」
> 「足が細すぎる。ガリガリじゃないか」
> 問屋の玄人筋たちは、口々にこの見馴れない「リカちゃん」に対して、悪評を並べました。社長は「冗談じゃない!」と、その場で血相を変えて怒っていましたが、問屋にしてみれば、人形というのは、丈夫に育ってほしいとの願いが込められた、ふくよかなものが一般的だったのです。(小島 73-74)

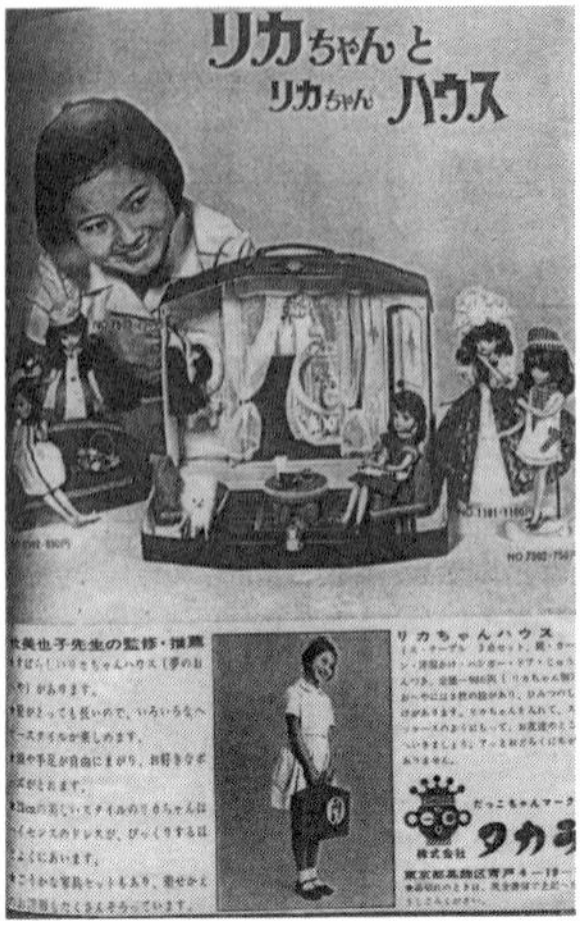

図版引用34　リカちゃんハウス広告（増淵宗一先生ご提供）
こちらは株式会社タカラが発行した広告であるが、左下に「牧美也子先生の監修・推薦」とある。

先述したレスピューグのヴィーナスほどでなくとも、日本の伝統的な人形を想起すれば明らかなように顔や身体が丸みを帯びたふくよかなものがポピュラーである。

その一方、リカちゃんはそうした人形に比して痩身で、またバービーに比べても小さく細かった。その理由として、リカちゃんがリカちゃんハウスの大きさに合わせて設計された人形であったことや、日本の少女たちの体型に近しいものとするためであったことなどが既に指摘されている。

だがここで重要なのは小島が述べているように、リカちゃんが当時の少女まんがに触発されて生み出されていたという事実である。

顔かたちを真似た薄っぺらいものではなく、少女文化そのものとしての〝少女まんが〟の世界を、新しい人形の中に詰め込みたかったのです。初代の「リカちゃん」はよく、少女まんがから飛び出してきたようだ、と言われます。それは正しいのですが、わたしたちは少女まんがのヒロインのようなルックスだけでなく、その内面も少女まんがのエッセンスで満たしていきたかったのです。(小島 34-35)

こうした理念は、『マキの口笛』などで知られる牧美也子が、リカちゃんのデザイン監修をしたことで、人形にもかなりの程度受け継がれたといえる。

米沢嘉博は牧作品の登場人物について「ドラマの主人公であるだけではなく、それ以上の内面性を感じさせるキャラクターであり、心理の機微」が描かれていたと述べる。(米沢 106)

この米沢の見解を踏まえれば、少女まんがの内面をもリカちゃんに反映することを目指した小島が、牧に監修を依頼したのは必然的なことであったといえよう。

また大塚英志は、こうしたリカちゃんと少女まんがの結びつきについて分析している。大塚は少女まんがのエッセンスがリカちゃんをめぐる文化圏に継承されたことで、それを愛好する「少女」たちの「少女性」を担保する「自閉空間」がつくられたと指摘する。そしてリカちゃんは、少女たちの少女性を保つために不要なものを切り捨てた独特の「理想」的空間を生み出していたと述べる。(大塚 121-126)

こうした指摘は一方では的を射ているのであろう。増淵が指摘するように、リカちゃんが画期的だったのは《彼女》が少女たちの「分身」となり得る存在で、それは身体が大きいバービーではなし得なかったことであるからだ。

先発の人形たちは、実は皆、サイズが大きく、少女たちの手に今ひとつフィットしなかった。また、金髪で青い目、八頭身でグラマーすぎたり（バービー）、結構たくましく、足が太すぎたり（タミー、スカーレット）した。

これらの人形は、ハイティーンの年齢を設定、したがって顔つきも、大人びていた。

これにひきかえリカちゃんは、小学五年生の設定、スリムで、かわゆく、黒い目、栗毛色の髪、おまけにペチャパイ、五頭身、べた足であった。日本の少女たちは、そんなリカちゃんに親近感を抱いた。（増淵 1992, 144）

自分たちの「分身」を模索していた日本の少女たちの手は、遅れてきた「子どもっぽくかわいい」リカちゃんへひとりでにのびていった。かくて、戦後の少女文化史上、「分身関係」つまり「リカちゃんは私であり、私はリカちゃんである」という一心同体の関係がここにはじめて成立することになった。（増淵 1987, 118-119）

これらの大塚や増淵による記述を踏まえると、リカちゃんは当時の少女たちの身体と不可分な存在で、それ故に愛好され「分身」としての地位を獲得するに至ったといえる。こうした性質が、「少女」たちの「少女性」を保つための「自閉」的／「理想」的空間によって支えられたという側面は確かにあるのだろう。

そして、まさにそのことによってリカちゃんは《太らない》と考えられる。つまり、少女まんがの主人公の外見と内面を持ち、「少女」たちの「分身」であり続けるために、その「自閉空間」から逸脱することを許されない、「理想」であると共に一定の《不自由》さをも抱えているのがリカちゃんなのではないか。

そうした背景がリカちゃんの「映像化」を概ね凡作に終わらせてしまう原因となり得てきたことは、増淵も八七年の時点で次のように（現状を踏まえればもはや予言的に）指摘している通りである。

結局、映像キャラクターが人形化（立体化）されることは多くても、その逆に、人形キャラクターが映像化（平面化）されることは少ないといってよい。それは、少女たちが「リカちゃんが実際に存在するのではないか」「リカちゃんが実際に存在して欲しい」と思っているからだ。（増淵 1987, 108）

今日的リカちゃん像とは

しかし、リカちゃんを取り巻く文化圏がいつも変わらず自閉的で、彼女は少女たちの「分身」として永遠に《太らない》のか。わたしは決してそうではないと考えている。大塚らの指摘するリカちゃん像は、彼女のほんの一側面を言い当てているに過ぎないのではないか。

その証拠に、リカちゃんはそうした《不自由》さを払拭するかのごとく、SNSを多用することで新たなふるまいを獲得しようとしている。その最も顕著な例のひとつが、資生堂の化粧品dプログラムとリカちゃんのコラボレーションによる販促キャンペーンにおける《彼女》である。

公式サイトには「仕事に恋愛、子育てや自分の年齢。いろいろなストレスに、ついつい振り回されてしまう日々を、三〇代のOLリカが紹介していきます」とあり、「〝振り回され女子代表〟として、dプログラムの公式SNSで『リカちゃん』が三〇代の『OLリカ』を演じています」と彼女のスタンスが示されている。

ここではっきりと述べられているように、本キャンペーンでは十一歳のリカちゃんが三〇代のOLを「演じて」いる。このキャンペーンはTwitterやFacebook、InstagramといったSNSを通じて「OLリカの振り回されダイアリー」と題し、リカちゃんの顔に吹き出物が出来た写真の掲載や、「ドタキャンされてヤケ食いしてたら、ついつい食べ過ぎちゃった！」といった自虐コメントが綴られるなど、大いに話題を呼んだ。

リカちゃんとSNSのつながりは奇妙に映るかもしれないが、一四年からリカちゃんの公式Twitter (@bonjour_licca) は存在し、例えば次のような呟きが発信されている。

ここ数日、おいしいお正月料理を食べてたから、リカなんだかぷよっちゃったみたい……よしっ！　今日からお風呂上がりにトレーニングよ！　まずは背筋で、美しい背中をめざすわ♡ ＃正月太り ＃リカザップ（二〇一六年一月四日のつぶやきより）

こうした試みは、増淵の指摘していた「リカちゃんが実際に存在してほしい」という願いを少しだけ叶えてくれるようで微笑ましい。もちろんリカちゃんが実際にスマートフォンを操作して上述したような情報を発信しているわけではないだろうが、われわれはそうした事情を了解しながらも《彼女》の《演技》を楽しむという、フィクショナルな体験が可能になる。

そのことで生まれるのは、リカちゃんが少女たちの「自閉空間」における「理想」や「分身」であるだけでなく、それと同時に、この世界のどこかにいる友人や仲間のようなものとしての実感ではなかろうか。よってこうした取り組みによって提示されるのは、単なる少女たちの「理想」にとどまらないというバービー的性質と、その出自から《演技》を要請された女優であるというジェニー的性質の両方を有し、その自閉的とされる空間から解き放たれつつある新鮮なリカちゃん像となり得る。

ではこうしたリカちゃん像は本当に新しく、またＳＮＳでなければ描けないのかというと、決してそうではない。例えば一九六八年から開始され二〇一八年現在も続く「リカちゃん電話」というサービスでは、ある番号にかけるとリカちゃんと《通話》ができる。もちろんその背後には事前収録された音声を再生するという技術的なからくりが存在しているわけだが、一方で、発売されて間もない頃から今日に至るまで、リカちゃん実在願望が存在し続けていたことの証拠でもある。

友人や仲間であれば、物理的に一緒にいなくともメディアを通じて交信可能であり、その手段のひとつとして今日ではＳＮＳが選ばれることが増えたわけだが、それらを通じて浮き彫りになるリカちゃん像は発売当初より驚くほど一貫したものなのではないか。すなわち持ち主にだけ従順な客体にとどまらない、様々な主観を同時に受け入れ得るメディアこそがリカちゃん人形なのである。

ここに、本章冒頭で論じた初音ミクとの共通点が見出せる。ライブのアクシデントに象徴されていたように、初音ミクは、一見人々の言いなりになるように思えて、実際は誰にとっても支配不可能な《人形》であった。だからこそ彼女が様々な主観を媒介するメディアとなり、そうしたあり方を多くの人々が許容する文化圏が形成されていた。

これはリカちゃん人形の文化圏においても（あまり言及されてこなかったかもしれないが）起き続けていたことだ。そこではあらゆる見方、あらゆる接し方が許容されてきた。受講生の中にはリカちゃんに軍服を着せて、連邦軍のガンダム達を率いる隊長としての地位を与えた者、リカちゃんの四肢を寸断し、シルバニア・ファミリーに餌として献上していた者、親戚がリカちゃんをプレゼントしてくれたが、顔が気に食わなくて家族に内緒で川に捨て、代わりに拾ってきた石ころに「リカ」と名付け大事にしていた者、本当に様々な結びつきがあった。

当たり前だが、人の数だけリカちゃん観は存在するわけだ（講義の際、「わたしのリカちゃんはそうではない」と告げた学生のなんと賢明だったことか）。すなわち彼女のSNS等でのふるまいは、リカちゃんがもっと自由であらゆる関係を許容し得る存在だったことをわれわれに思い起こさせてくれるきっかけに過ぎない。

そうであるとすれば、太った上にやや痛々しい衣装に身をまとい同窓会にやってきた《彼女》もまた、連綿と続いてきたリカちゃんの十分あり得る姿形のひとつだ。よって先述したエステCMにおけるリカちゃん像は、今日的な《彼女》像の先駆けであると共に、極めて普遍的なリカちゃんの魅力を描いていたということが結論付けることが出来るのである。

リカちゃんたちに見る「人形愛」の《変奏》

前章から、『ラースと、その彼女』、『くまのプーさん』、初音ミク、リカちゃんといったいわゆる大衆的な人形を対象として論じてきた。こうした議論を踏まえれば人形と人間の関係は、エロティシズムや純粋客体への支配欲といった説明にとどまらぬものであることは明らかである。繰り返すようだが、人形には主観と客観の入り混じる中間領域に属するメディアとしての側面があり、それ故に、関わる人の数だけの多面的な《愛》が存在し得る。

こちらも再三述べているように、澁澤らが切り開いたエロティシズムと人形を結びつけるという観点は、人形文化をとらえる上で看過できぬ魅力的なものである。また初音ミクやリカちゃんをはじめとする「人形」にエロティシズムを見出す、またはそれを純粋客体ととらえ支配したいと志向する人もたくさんいるだろう。

よって講義では、一見、変態的倒錯的としか思えないようないわゆる「人形愛」が、われわれの身近にある／あった人形たちとの素朴な交流の《変奏》で、その間にはなだらかなグラデーションがあるだけではないかと問いかける。前章から取り上げてきた「人形愛」のずっと手前やその傍らにある（と見えるような）人形たちはその入り口として、重要な役割を果たしてくれるのではないだろうかと。

こう言い訳めいたことをどんなに書いても、人形や「人形愛」のエロティックな側面を重視する方々にとっては、本書のアプローチは子どもじみた邪道と映るかもしれない。それでも、澁澤が取り上げたのは、人形と人間のあいだに広がる、気が遠くなるほど大きな領域のほんの一側面に過ぎなかったのではないかという点だけは改めて強く述べておきたい。本書は人形文化の豊かさ故に生じた、先人の輝かしい仕事のささやかな《変奏》なのでご寛恕いただけることを祈りつつ、ではあるが。

【註】

1　ＤＴＭとはデスクトップ・ミュージックの略称で（英語圏ではコンピューター・ミュージックと呼ぶこともある）、パソコンと電子楽器などを接続して作成する音楽のことを指すが、簡単に言えば初音ミクは、このＤＴＭで使用できる楽器のひとつである。そしてヤマハが開発したVOCALOID2という技術を用いて、声優の藤田咲の声をサンプリングされており、音符のひとつひとつに五〇音を指定することで、あたかも女性が歌っているかのように演奏出来るという仕組みである。

こうした性能に加え初音ミクを理解するにあたり重要なのは、例の緑色の髪をした少女が商品パッケージに描かれていたという事実であろう。この少女にはプロフィールがあり、年齢は十六歳で身長は一五八センチ、体重は四二キロ、得意ジャンルはアイドルポップス・ダンス系ポップス、得意な曲のテンポは７０から１５０ＢＰＭ、得意な音域はＡ３からＥ５とされている。結果から言えば、この少女のデザイン的な訴求力と詳細すぎない設定、ガイドラインに沿っていれば二次利用も原則制限されないという自由度の高さによって、発売後一カ月足らずでニコニコ動画を中心に多くの楽曲が発表されるようになり、爆発的な人気を博していった。

2　この観点は、例えばアイドルやその文化について考える際にも応用できるはずである。詳しく述べるのはまた別の機会としたいが、講義では初音ミクライブにおけるトラブルの映像に加え、AKB48、Perfume のドキュメンタリー映画やライブ映像などを見る（今度からは SMAP 関連の映像も見せなくてはならないだろう）。

例えば Perfume はいまや日本を代表する女性グループのひとつであるが、近年ではライゾマティクスなどと組んでパフォーマンスとテクノロジーの融合を試みることが増えている。その試み自体は非常にインパクトがあり評価されてしかるべきだろう。だがその一方で（わたしが長年のファンであるということを差し引いても）、そうした挑戦は広島出身のローカルアイドルであった彼女たちの生来の魅力を覆い隠してしまう危険もはらんでいるように思えてならない。

そこで講義では、初期ライブや、二〇一四年の 5th Tour『ぐるんぐるん』、一五年公開のドキュメンタリー映画における（彼女たちがかつてはあまり出してこなかった類の）アクシデント映像などを見る。そして、一見その全てが完璧にコントロールされているように思えるが、実はそこから逸脱したとき、逸脱しようとするのをぐっとこらえようとするときにこそ彼女たちの魅力は表出してくるのではないか、それこそが Perfume の、ひいてはアイドルたちの《人形》としての瞬間なのではないかと指摘する。

特別対談PART2　ゲスト　日本女子大学名誉教授・増淵宗一

［プロフィール］　日本人形玩具学会副代表委員、人形玩具文化財団理事。専門は美学芸術学。著書に『人形と情念』（八二）、『リカ・カルチャー序論―戦後少女文化の構造―』（八五）、『リカちゃんの少女フシギ学』（八七）、『少女人形論　禁断の百年王国』（九五）等がある。

人形への多様なアプローチ

―おふたりの出会いは？

菊地：二〇一六年の夏に明治神宮で日本人形玩具学会の総大会があって、そこで初めてご挨拶させていただきました。増淵先生はこの学会の創立者のおひとりなんですよね。

増淵：元々は、一九八九年、横浜人形の家の顧問を務めていたわたしと運営委員の小林すみ江さん、人形劇の加藤暁子さんら四名で立ちあげました。人形・玩具や人形劇に多様にかかわっている人たちが集まって学会を作ろうよという流れから、日本人形玩具学会を作りました。それがはじまり。

菊地：なんで学会だったんですか？

増淵：学術的なアプローチも含めて人形について多角的・横断的に考えるべき時期が来ていると痛感していました。そこで発足にあたって学会の指針となる次のような十のアプローチ（連環的なカテゴリー）を考えました。

一　あそぶ
二　あつめる
三　つくる
四　えんじる
五　こころみおこなう
六　しらべる
七　しらせる
八　あきなう
九　たもちならべる
十　おもいめぐらす

ここからわかるように、研究者に限らず人形作家、染織史、郷土玩具、保育など各分野で業績のある人に声をかけました。それで七十人くらいの方々に御賛成いただき発会式を行い、朝日新聞などのメディアにも取り上げられたこともあって三百人くらいで発足したんです。平成元年に設立したので一八年で三十周年。

菊地：で、色々あってわたしが入ったと（笑）。

増淵：他学会でもそうですが、高齢化により会員が徐々に少なくなってきて二〇、三〇人になりました。そこで、若手の会員を探していたら、菊地さんがまんまと明治神宮の大会に来られた（笑）。

菊地：最近は院生や若手の入会者も増えてますよね、研究会も盛んだし。

増淵：一七年四月に、これまでのディジタル遊戯学研究部会を、研究対象を広げて表象遊戯学研究部会と名称変更しました、現在、部会員は二十人くらい。

菊地：もともとゲームなどを扱ってたんですか？

増淵：そうですね。将棋、囲碁といった伝統的なボードゲームに対して、デジタルゲームが出てきて、九九年、新しい遊戯学として「ディジタル遊戯学」を開拓・確立しようと、わたし、森下みさ子さん、高橋浩徳さんの三名で起ち上げました。順調に研究会を重ねてきましたが、大阪に転勤、親の介護などの諸事情で、ここ数年、人数不足で冬眠状態にありました。そこで一六年、若手部会員の獲得運動を始めました。

菊地：そこに、またしてもわれわれがまんまとやって来たっていう（笑）。

増淵：そうです（笑）。ゲームはもちろん、キャラクター、フィギュア、ドール、ロボット、漫画、アニメ、映像とか、新しい人形玩具文化が元気になってるという、時代の流れというか人形の歴史の隆盛も関係しているんじゃないかと思いますけどね。

菊地：増淵先生や学会の方針なんでしょうけど、人形を研究する人だけでなく、人形を作ったり、人形愛好者にも門戸が広げられてますよね。そういう交流は新鮮。この本を読んだ人にも気軽に遊びに来てほしい！

増淵：横浜人形の家が学会設立の機縁となったので、古典的・歴史的な人形、玩具としての人形、郷土人形、人形劇などの様々な要素を受け継いだ部分はあるかもしれないですね。

大学における人形研究について

菊地：増淵先生はいつから本格的に人形研究に取り組まれているんですか？

増淵：院生時代に人形美学プロパーの研究を始めましたが、フィールド研究は日本女子大学に就職してから、昭和三九年から昭和四二年頃、リカちゃん人形が昭和四二年発売だったこともあって。

菊地：最初から打ち出したんですか？　それとも徐々に？

増淵：ゼミや講義で学生に教えられて、リカちゃんが全国区の人形だということがわかって、そこからですね。学生からのサポート、熱烈な支援がないと、リカちゃんの少女民俗学は誕生しなかった。

菊地：それはわたしと似てますね。

増淵：もともと大学院で人形論はやっていたんですが、リカちゃんは知らなかった。女子大に就職して、「君らどういう人形で遊んでるの？」と聞いたらリカちゃん人形とかを持ってきて。これに関しては教えるというよりは、逆に教えてもらいました。

菊地：どういう学生がいたんですか？

増淵：日本女子大学には家政学部に通信教育課程があって。昔は高校卒業後に社会に出る女子が多く、大卒に比べ、給与差をつけられてしまう。そこで、通信教育で学士を取ろうという三十代、四十代の、ミルク飲み人形などで遊んだ社会人学生（母親世代）と、二十歳前後の、リカちゃんで遊んだ世代（娘世代）を同時に教えるようになって。各世代の学生から人形やハウスを提供してもらい、膨大な数になりました。それでいつの間にかリカちゃん研究の大家に（笑）。

菊地：最初、先生のご専門は人形の美学的な側面だったと思うのですが、そこから学生と出会って、もっと大衆的な方、リカ・カルチャー論に移っていったと。

増淵：横浜人形の家の顧問を務めていた時代、リカちゃん人形展を提案しても開催できなかった。ビスクドール展やひな人形展はできるけど、公立の施設で、メーカーの一商品である玩具的人形の展示はできなかった。隔世の感があります。

菊地：今では考えられないなあ！　でも確かに今でも、球体関節人形やビスクドールをコレクションしていますというと格が高い感じがするけど、たとえば、ぬいぐるみを集めていますとかいうとちょっと、えっマジ？　というリアクションも少なくないですよね。人形にもヒエラルキーがあるっていうか。

増淵：でも学生が子ども時代に愛した、お世話になった人形は、おもちゃの人形であることが多いですから。それが一番の価値であり力かなと。

菊地：ある時期の人間にとって人形の存在が切り離せないことは少なくないですよね。

増淵：そうであるにもかかわらず、ぽいと捨てたり、忘れられることもよくあって。それも人形の宿命かも。人形って熱烈に遊んだ子ほど、大人になるまで持っていなくて。中途半端に遊んだ子の方があんまり痛まないで残っていたりする。徹底的に遊んだ子は髪の毛を切ったり、口紅がわりにマジックで塗ったりとすごい傷めつけたり、いじったりした末にぽいと捨てて、忘れちゃう。お母さんが几帳面だったりすると、残ってることもあるんだけど、だいたいいなくなってしまう。

菊地：一概にどちらがいいということも言えないですが……。

増淵：一方、親の教育方針で人形を買ってくれないとか、経済的事情で買って貰えずじっと我慢した子もたくさんいました。

菊地：だからこそ、人形体験を聞くとそれまでの人生が透けて見えることもあって。

増淵：当時はまだ貧富の差があったので、リカちゃんとリカちゃんハウスを持っている子はお金持ちの家の子で、みながその子の家に遊びにいくとかね。授業で幼少時代の人形の写真を持って来てもらうと、お雛様の写真が多く、雛段の脇や前に、一番気に入っている人形やぬいぐるみが置かれており、時代の推移が読み取れる。ぬいぐるみはアレルギーの問題などで、昔ほど人気はなくなりました。かつては日曜日になると、銀座や日本橋の歩行者天国では、ぬいぐるみを持っている子をたくさん見かけたけど、今は本当に少ないです。外で、人形を抱いていたり、背中におぶっている子をほとんど見かけません。

菊地：人形を外に持ち出す機会が減ったのか……なんでだろう。ディズニー界隈にはいますけどね、ダッフィーのぬいぐるみ抱えて歩いてる人とか。あれはスタイルとして確立されてる感じですが。

――人形との関わり方が変わってきているんですかね？

菊地：人形自体はそれほど変わらないのに、時代によって人形との関わり方が変わっていくのは面白いと思う。人形を外に持ち出す機会を作ろう！ってわけじゃないですけど、わたしも講義に《人形参観日》を設けて、学生たちに連れてきてもらう企画をやってて。(1)

増淵：おお！（笑）

菊地：当たり前ですけどみんな多様で、人の数だけ人形があるなあと。それを見ると、その学生がわかったような、言語化できない部分が人形によってちょっとだけ立体化する感覚はありますね。

増淵：それは是非、やってください！

菊地：いろんな人から奇異な目で見られてますけどね（笑）。各地でやってる人形供養も当事者にしたら真剣だけど、周囲から見れば「え？」と思うこともあるというのは、ちょっと近いかなと思いますけど。

増淵：明治神宮で人形感謝祭が毎年あって、今年で三十年かな。わたしは、吉徳先代の山田徳兵衛さんから頼まれ創立時から委員を務めていますが、最近は、ソフトビニール製のリカちゃんとその仲間たちの人形で、ボディや衣装が相当汚れているものが持ち込まれることも多くなり、時代の変遷を感じます。供養自体は昔からあり、ニーズが多くあって、ならば、東京のど真ん中の明治神宮で供養祭があっていいんじゃないかということで。都市の居住空間が狭くなり、また人形の種類も多くなり、始末しようとかそういう変化もあったんじゃないかと。

菊地：色々近代化しているのに、人形は供養しなきゃというプリミティブさはアンバランスで面白いですよね。

増淵：昔は兄弟姉妹がいるとお下がりでどんどん下の方に回って行って、ボロボロになりやがて捨てるという流れがあったんだと思います。でも一人っ子が増えて、そうすると前より綺麗な状態で残る。あと遊ばなくなると、夜中に暗いところで見ると気味が悪い、いてほしくないという人もいて。

——なぜ、供養という形で？

増淵：やっぱりお世話になったもの、愛していたものをぽいとは捨てられない。供養していただきたいというのは自然な感情ではないでしょうか。

菊地：お葬式ですよね。家族と離れるからあげる、という感覚。和歌山県の淡島神社や八立稲神社、その他にも機会があれば各地の人形供養を見に行くようにしてるんですけど、涙を流しながら人形を見つめてらっしゃる方もいるから、やはり神事というか、人形がそういう特別な存在なんだなとわかるんですよね。

増淵：ペット（愛玩動物）に近いかもしれない。

菊地：確かに。他のひとにとっては価値がないかもしれないけど、誰かにとって特別な存在ってありますよね。本来、他人がとやかく言うことではないんですが、やはり言われてしまいがちだったりして。人形なんて供養に出すことない、捨てればいいじゃんという層もいますし。だからその間を取り持つのが研究者の仕事かな、と思ってます。泣いている人とどうでもいいじゃんという人の間に立って、両方の視点から人形文化に向き合う可能性を示せたらいいなと。とはいえ、今のところ変態扱いですが（笑）

増淵：わたしも最初は奇異な眼で見られましたね。

菊地：そこから周囲の目の色が変わる瞬間はあるものですか？

増淵：学生がリカ・カルチャー論を支持してくれたことが大きいですね。いろいろ教えられましたし。

菊地：わたしも学生に教えてもらってばかりです。人形が対象になってるということも大きいのかもしれない。それぞれの思いがぎゅっと凝縮された存在だからこそ、彼らとの交流によって教えられることが多いのかも。

増淵：役立つわけではないけど、特別愛していて、手放せないものだからインパクトも強いんでしょう。

菊地：ただ、そこは気をつけないといけない部分でもあって。そういう《愛》にまみれているので、客観的な思考を拒否する可能性もある。だからこそ学生のコメントやレポートはその困難さとの闘争を見るようで面白いです。

増淵：母親がよだれがびがびのぬいぐるみを無断で洗濯してしまって、匂い、風合いが変わって全然別物になって子どもがカンカンに怒るなんて学生のレポートもありました。

菊地：目に浮かぶようです（笑）。増淵先生の心に残ったレポートはありますか？

増淵：愛憎、羨望と嫉妬にからんだものがたくさんあります。

菊地：リカちゃんが多いですかやっぱり？

増淵：リカちゃん、モンチッチ、あるいはキティちゃんだったりシルバニア・ファミリーだったり時代によって違いますね。お小遣いで自分用に買うんだけど贈り物にしたいというとラッピングしてもらえるので、そうして包みやシールをとっておくとかね。そういうレポートを読むと本当に教えられる。

――共通項はあるものですか？

増淵：お世話になった存在という反面、恨みつらみが見え隠れするんですよ。欲しかったけど、経済的な事情で親が買ってくれずじっと我慢した、友達は持っていたのに、あるいは妹には買ったのに長女のわたしには買ってくれなかった、というような羨望と嫉妬が。だから自分の好きな人形そのものについて書くんだけども、同時に家族や友達がどうだったとか物語がひも解かれてくる。そこが面白い。

菊地：思考したり言語化することによって、思いがけずネガティブな感情が引き出されることも多いですよね。人形が怖い、恐ろしいという考えもそうしたところから生まれるのかも。

増淵：美しくて可愛らしく、お世話になったけれど、やはり一方でどうしても怖い部分もある。自分のものでもあるし、他人のものでもあるという。

リカちゃん人形とシルバニア・ファミリー

菊地：増淵先生ご専門のリカちゃん人形についてもうかがっておきたいのですが。人形だけでなく、リカちゃんハウスもかなりお持ちなんですか？

増淵：ハウスは遊ばなくなると邪魔なんですよ。それなら持って来いといって学生からもらいましたね（笑）。ハウスまで集めている人は少ないんですよ。

菊地：時代によって変遷はあるんですか？

増淵：ハウスは人形以上に時代を表わしてますね。最初のリカちゃんハウスは、家具や冷蔵庫はだまし絵のもので、モノが極端に少なかった。家電の時代になると、冷蔵庫はワンドアからツードアになり、発売当時洋式トイレはほとんど普及していない時代だから、リカちゃんハウスにトイレはありえなかった。それがだんだん、一般家庭に洋式トイレが普及するとリカちゃんハウスにもかっこいい洋式トイレが登場するんです。

菊地：リカちゃんハウスはちょっと高級というか憧れの存在だったんですね。最初はお父さんもいないんですよね確か。

増淵：当時はまだオリンピック、高度経済成長期の時代ですから、東北農村の家庭では、父親が出稼ぎに行ってしまうというのが普通だった。父親不在の家庭環境で人形遊びをやってたんです。ちょうどメーカーの方もパパの人形がいないのにリカちゃんの家族（香山家）を「しあわせ家族」と命名していました。こどもたちも家族も社会も、そのことになんの違和感もなかった。

菊地：パパ不在なんですよね。

増淵：ようやく平成元年、お父さんのピエールが出てきた。そしておばあちゃんの人形も登場し、三世代同居の家族が形成される。そういうのを見ると余計、人形ってすごいなと。

菊地：ほかの男の人形はどうなんですか？

増淵：ボーイフレンドの人形だと、初代のわたるくんが一番無残（笑）。一番遊ばれています。二代目以降は頭部が植毛されているけど、初代のわたるくんの頭髪部分はビニール製。女の子にとってビニールの頭部は気持ち悪いみたいで。いじりまわされて頭がすり減って白くなっている。

菊地：男性不遇ですね（笑）。

増淵：そもそもメーカーはリカちゃんには友達が必要だ、と考え友達の人形を作った。ところが、少女たちから「お母さんの人形はなぜないの？」と問い合わせがたくさん来たんです。そこで、慌ててママの人形を発売した。少女の方が一番必要なものを知っているんですよ。人形遊びをするときには、お母さんの人形がいないと遊べないっていう。

菊地：なるほど。

増淵：メーカーは友達を作ればいいだろうと思って、きれいないずみちゃんとかっこいいわたるくんを出したんだけど、少女側はやさしいお母さんが欲しいと。お父さんは声色ができないから不要。

—シルバニア・ファミリーでも同じ現象が起きてますか？

増淵：シルバニアは動物（擬人化された動物）なんで、ちょっと違いますね。

菊地：へぇー。

増淵：動物は生々しくないけど、人形は生々しいんですよ、どうしてもリカちゃんとかママとか友達の間に人間関係が出てくるんで。人間関係でごっこあそびをすると、あなたはリカちゃん、あなたはママとか、駆け引きもあったりして疲れるんです。ところが、シルバニアみたいに熊の家族とかうさぎの家族になると違う。

菊地：シルバニアはリカちゃんハウスとはまた異なるお屋敷感がありますよね。

増淵：あれは本来、アメリカのメイフラワー号の移住の物語と重なるような、ウィンストンの『シルバニア・ファミリー物語』（一九七〇）があるんですよ。英国中南部のブルーフォレスト村に住む動物たちは国王の軍隊が森を破壊し、家を焼かれた動物の家族の内、くま、うさぎ、きつね、たぬき、ねずみ、りす、もぐらなど九家族がシルバニア号に乗り、北米に渡り、シルバニア村を建設するという物語です。リカちゃんは残念ながら広く世界で愛されていませんが、シルバニア・ファミリーは欧米ほかでも人気があります。

菊地：背負っているんですね。あんなつぶらな瞳で、移民としての十字架を（笑）。

増淵：でもそれはあまり知られていない。動物を擬人化したシルバニア、キティちゃん、モンチッチ、たれパンダ、リラックマ、ゴマちゃんとかは癒し系ですよね。自分とかけ離れた存在で遊べる感覚というか。

菊地：自分と少し離れてる方が好きな人はそっちに行きますね。

増淵：一方、リカちゃんは人生や社会の縮図のような生々しいあそびで、いじめたりいじめられたり、殺人があった、事故があったという時々の社会・風俗の要素が遊びに取り入れられるんです。

菊地：生々しすぎる（笑）。最近のハウスはどんな感じなんですか？

増淵：色々ありますけど、マクドナルドや回転寿司、サーティワン・アイスクリーム、ミスター・ドーナツなど、飲食系、ファストフード系は人気があります。子どもが家族と日曜日に行くお店のハウスは定番ですね。

菊地：子どもの好きなものばかりですもんね。

増淵：これも世相を反映していて、少女たちが一番好きな外食のお店がハウスに表象されるんです。五代くらいバージョンが続いているのはマクドナルド。子どもにとって、マックの制服を着たお姉さんは憧れなんです。最近は家族で回転寿司に行くことも多いので、二バージョンくらいあるんじゃないかな。

菊地：美味しいと楽しい思い出が一緒になって、ハウスになって現れるんですかね。

増淵：昔はお買い物ごっこ、お医者さんごっこ、ままごとなどが遊びの主流だったので、ハウスもスーパーマーケット、病院、システムキッチンなどに人気があった。今は、共働きも多く、外食に行く家族も多いんじゃないですかね。あとオシャレ系、着せ替え系はずっと人気ですね。最近売れてるカラーチェンジリカちゃんとか、メイクセットとかね。昔はウエディングドレス姿のリカちゃんが一番人気でしたが、今はそれほどではない。お嫁さんに行くのは後でもいいっていう時代の価値観がよく出てる。

菊地：ハウスや人形が変わっていくのを見れば、社会がよく分かるんだなやっぱり。でもそうだとすると、人形について改めて考える機会が大学生時代にあるというのは案外悪くないのかもしれません。ちょうど大人と子どもの端境期ですし。

増淵：それはあるかもしれないですね。リカちゃんというとかわいいの象徴的存在で、昔は大人になったらかわいいは卒業しなくてはいけないという価値観があった。でも今は大人になってもかわいいはやめられない、とか、かわいいおばあちゃんになりたいとかそういう風潮がある。大人でも、リカちゃんやバービー人形が大好き、人形をホビーとして好きだというひとも増えてますよね。それは昔あまりなかった現象ですよね。

菊地：人形が好きだと言っていいという風潮になってますよね、隠さなくても。

―なぜ、そうなったんでしょう？

増淵：大人かわいいという価値が容認される社会になってきているということではないでしょうか。祖父母世代が孫にリカちゃんを買い与え、その孫たちが今、母親世代になり、かわいい文化がもちあがっているのかもしれません。

菊地：大人であることと、かわいいものが好き、かわいくありたいと思うことが背反するものではないと認識されつつあるのかも。そこにおいてリカちゃんの功績というか存在感は大きいかもしれないですね。

人形を巡る現状

――人形の変遷の中で、今の時代はどういう時代でしょうか？

増淵：もう僕の時代ではないので、若い人に研究してもらいたいと思っています。三十年前にリカちゃん展をやろうという話が出た時に、子ども達は知っていたけれど、大人たちには広く認知されていなかったから無理だった。でも今は、公立の博物館や美術館でもキティちゃん、バービーちゃん、ウルトラマンなどの特別展が開催されるようになった。また、ゆるキャラも認知され、ここ三十年の人形、キャラクター、フィギュアなどに対する社会的認知度や評価はさま変わりしています。

菊地：人形ブームみたいなところはあるかもしれません。

増淵：「たかが人形玩具」が三十年前だったんです。メーカーの方も作ったものを保存しないんで展示できるものはないっていう時代だった。そこからリカちゃんが五十年、バービーが五六年、キティちゃん四三年、シルバニア三二年、ウルトラマン五一年と歴史を重ね、人形玩具の商品が社会的に認知され、企業ＰＲに使われたりね。もはやたかが人形ではなく、むしろ侮れない、無視できない存在になりつつある。

菊地：明らかに変わってきたわけですね。

増淵：一方で、漫画、アニメ、ゲームも広く認知・普及し、ヤマト、ガンダム、エヴァンゲリオン、セーラームーン、プリキュアなどの新しいキャラやそのフィギュアも出てきて、そういう汎文化的、汎社会的な現象を学問対象として研究して欲しいと思ってます。
菊地：コレクターはたくさんいますけどね。
増淵：もちろんそうした視点も必要です。でももっと全体的に展望をもった学際的なアプローチで深めてやってもらいたい。
菊地：確かに、『ゴジラ』を論じましょうとなると、自分はこれだけ知っているという知識量の競い合いになりがちですよね。研究はそれとはちょっと違って、作品やそれを支える様々な要素について、いかに客観的に整理して考察・検証できるかが勝負。歴史のある作品なので知識を増やすのも楽しいけど、一方で様々な観点から自由に研究する人が積極的に参加しても面白いんじゃないかと。
増淵：文化論、社会論としての広がりをいかに出すかっていうね。
菊地：今日も持ってきたんですが、増淵先生の『人形と情念』を読み返していろいろ考えたんです。大学の学部生時代に卒論を書く為に買ったんですけど……。
増淵：だいぶ、古びてますね（笑）。
菊地：いまアマゾンで調べると高いんですよ！（笑）。当時は全然意味がわからなかった。でも大学で講義するにあたって読み直したら面白くて。ここで増淵先生は、一貫して人形を神聖なものと崇めるのは大切だけど、それだけではダメじゃないかと主張されてて。もっと身近なものだし、「人間の手にしっかりととられ、あるいは撫でられ、あるいはしゃぶられ、あるいは流され、あるいはあそばれ、あるいはまつられてきたのである」と書かれている。確かに人形が好きな人って、それを特別で神聖なものにしがちで、自分にもそういうところがなくはないのですけど、その一方で、ばかばかしいというか人形の間抜けなところがあるよねという観点は持っていたいし、かなり先生から影響受けてると思います。

増淵：そうですか（笑）。

菊地：「人形はより巨視的な哲学的美学的視野のもとで、考察されなければならないであろう」という宣言もあって、はい、わたしが考察します！　と今ではすっかり思ってます（笑）。

増淵：大学で人形論、玩具論をやっている人は少ないんですよね。で、誰か出てきてほしいなというところに菊地さんが現れたんですよ。期待していますよ。

菊地：がんばります（笑）。

人形研究の今後

――この本は人形をメディアとしてとらえる、というところが出発点なんですが、そもそも人形はメディアと言ってもいいですか？

増淵：いいです。自分にとって、また社会にとってなくてはならない媒体であり、ツールであり、自分や社会の深層を覗ける鏡のような存在、価値媒体でありますから。

菊地：よかった（笑）。こういう考え方をどうやって広めていくかも大きな課題なんですが、増淵先生はどうされていましたか？

増淵：僕なんかも好奇な目で見られて、一番最初に声がかかったのが夜のTV番組で藤本儀一さんの『11PM』。それが久米宏さんのお昼の番組『おしゃれ』とかにもつながって。週刊誌で何誌にも好奇的に取り上げられましたが、あまり真面目なところからは取材は来ませんでした（笑）。

菊地：大事ですかそういう活動は？

増淵：まずは社会的に広めなきゃなという気持ちがありましたから。あとは池袋の西武百貨店で初めてリカ・カルチャー展を開催できたとき、朝日新聞の「ひと」欄に載りました。そうしたら真面目な出版社から本を書いてほしいというオファーが続きました。今も、大学を通じて民放のバラエティ番組の取材申し込みがありますが、最近はもうお断りしています。この間、NHKだけは例外的に出ましたけど。

—好奇の目で見られても、それが学問として認められるにはどうしたらよいのでしょうか？

増淵：社会的、文化的に必須の存在であり、価値があると認められるしかないですよね。

菊地：講義をしてても、万人が支持してくれるわけじゃないけど一部で凄まじい熱狂を生んでいるという実感はあって。もしかしたら大学の外にもこういう人が一定数いるかもしれないと考えると、こうして一般向けの本を書いてそれをきっかけに外部に積極的にアプローチしていくのもアリかなとは思ってます。

―最後に、人形に携わろうと思っている人たちにメッセージを。

増淵：人間も謎だけど人形も謎。その謎解きが必要で、それを言葉で記述するのが学問のスキームなので、その担い手が出てきてほしいなと。

菊地：そういう人はきっと受講者やもしかしたらこの本の読者から出てくると思うんです。可能性のある分野だし、これからの学会や研究会の活動などでも明らかになるんじゃないかと。

増淵：デジタルやバーチャルの領野を含めて、またアンドロイドやロボットなどまで含めれば、無限に可能性がある。例えば高齢化社会の今、介護って日常の事象ともなり、すごく疲弊するわけですが、ロボットが代替する世界でもあるので、それらも含めて人形と考えれば、まさにこれからの世界なんですよ。そこにはいろんな愛憎も絡むし、家族や社会の物語でもあるので、その読み解きをこれからどんどんやってほしいです。

菊地：どんどんやります（笑）。本日はありがとうございました！（二〇一七年一〇月収録）

【註】

1　菊地が担当する講義の最終回で催されるイベント。大教室で受講者の机上に思い思いの人形が鎮座しているさまは圧巻。教壇を見つめる視線が倍増するからか、講義終了後の疲労度はいつもより大きい（気がする）。

第四部　人形とホラー事始め

■「ワラ人形に五寸釘、内妻を呪い殺したトビ職」

喜美子さんの両手は胸の前でガッチリしばられ、ロープが首に二まわり巻きついている。連日三〇度を越す暑さ。しかも窓をしめっきりにしていたため、死体はふくれあがって水泡ができ「ちょっとさわると水泡がつぶれる」（世田谷署・清水捜査第四係長）ほど腐敗していた。

猛烈な悪臭に、かけつけた刑事たちもタジタジ。だが、そのなかの一人がいぶかしげに、

「これ、なにかね」

と、洋服ダンスのわきにころがっていた人形を手にして、がぜん色めきたった。

長さ一五センチほどのワラ人形で針金がギッシリ巻かれている。さっそく針金をといてみると、なかから六センチ四方の紙きれが出てきた。「大林喜美子、昭和十五年五月五日、二十九歳」と書かれている。まさしく〝呪いのワラ人形〟だったわけだ。

「ワラ人形には両手、両足、首、腹と六本のクギが打ち込まれていて、ロウソクの火でキツネ色に焦げていた。深夜、たった一人部屋に閉じこもり、自分を捨てた女を呪い殺そうと、ロウソクの火であぶっていたんだろうねえ」

と清水捜査係長は首をすくめる。（『週刊サンケイ』１９６９年９月号）

■ムッソリーニの言葉

Meglio vivere un giorno da leone che cento anni da pecora.

羊として百年生きるよりもライオンとして一日生きる方が良い

第七章　なぜ人形とホラーか

人形ってそんなに怖い？

「人形とホラー」という講義名はある夜、ふと思いついた。当初はもっと説明的な名称も案にあった。だが今日の日本では「ホラー」という言葉に、英語の terror ＝恐怖の対象や人物という意味と、horror ＝吐き気や硬直、緊張を伴う恐怖という意味両方が含れることがほとんどである。小説や漫画、演劇、映画のジャンル名でもあるし、人形と結びつくことでシンプルな割にインパクトもある。これでいこうと決めた。

といいつつ、怒られたらあっさり無難な名前に変えるつもりだった。結局、（呆れられつつも）だれからも咎められることなく早稲田大学の講義科目となった。しかし今にして、人形を巡る複雑な状況が反映されたネーミングだったと思わなくもない。

今日、人形をホラーと結びつけるという観点はそれなりの市民権を得ているといっていい。雛人形、くるみ割り人形、球体関節人形、ビスクドール、腹話術人形……様々な人形をこわいと感じる人は少なくないはずだ。幼少の頃、親戚の家を訪ね、そこにいた人形たちに恐怖した経験は珍しくないだろうし、わたしもそうした感覚を否定しない。

だが一方で、人形をホラーと結びつけることはそこまで自明であろうか、とも思う。そもそもホラーとは何だ。そんな問いと格闘するにはもう一冊本を書いても間に合わない。それほどに根源的で、われわれと深くかかわる問題である。にもかかわらず漠然としたイメージで、人形即ホラーと決めつけてはいないだろうか。

確かに恐ろしく思える瞬間もあるかもしれないが、それが彼らのすべてを言いあらわすことにはなりえない。人形《が》ホラーなのではなくて、人形《と》ホラーの関係について様々な角度から再検討を試みる必要がある。全てを明らかにすることは到底不可能だとしても、人形《と》ホラーが結びつく／結びつかない理由の一端について、受講者たちと共に考えてみるのは有意義なはずだ。講義名の裏側にあった問題意識とはまさにそういったものであった。

こうして人形《と》ホラーの関係を考えるにあたり、近年ＳＮＳなどでも話題となったある一件は良いヒントとなった。

大阪府にあるユニバーサル・スタジオ・ジャパン（以下、ＵＳＪ）が二〇一六年のハロウィーン限定の迷路型お化け屋敷「祟（TATARI）～生き人形の呪い～」を、人形供養で知られる和歌山県の淡嶋神社から人形を六百体以上借りて実施した際に起きた出来事である。

ＵＳＪは毎年、ハロウィーンの時期になると園内にゾンビを徘徊させるばかりか、『チャイルド・プレイ』、『エクソシスト』（*The Exorcist*）、『リング』、『学校の怪談』など、（割と節操なく）新旧洋邦問わずに様々な作品をベースにしたアトラクションを設置しているが、「祟（TATARI）～生き人形の呪い～」は日本人形協会から抗議を受けた。ＵＳＪに寄せられた抗議文書の一部は次の通りである。

本件アトラクションは、日本人形に呪いや祟りがあるなどと喧伝して、いわゆる「お化け屋敷」の内部に日本人形の実物を多数陳列し、宣伝にも多数の日本人形の実物の写真を使用するなど、日本人形があたかも呪いや祟りといった恐怖の対象であるかのように扱っております。しかし、このような方法で日本人形を使用することは、日本人形について誤った負のイメージを一般に強く植え付けるものであって、ひいては日本人形の普及が妨げられ、日本人形に関連する業者や職人に対する営業妨害となります。（日本人形協会公式ウェブサイトより）

この抗議に対しＵＳＪ側は「抗議には法的根拠があるとは認められない」とし、結局「祟（T

ＡＴＡＲＩ）〜生き人形の呪い〜」は予定通り営業された。この一件は、ＳＮＳやワイドショーなどでも取り上げられ、大きな話題となった。

どちらの主張に正当性があるか、などということに本書の関心はない。ここで問題としたいのは、なぜこうした対立が起きてしまうのかという点だ。それを考える上で、ノンフィクション・ライターの窪田順生による一六年一〇月『ダイヤモンド・オンライン』掲載の「ＵＳＪ大炎上『呪い人形』事件はどこで間違えたのか？」という記事は参考になる。ここで窪田は淡嶋神社と日本人形協会の宗教観、供養観に相違があったと指摘する。

窪田によれば、淡嶋神社はかねてから一貫して「人形は人に見てもらい、遊んでもらうために生まれてきており、多くの方々に遊んでもらうことは、人形たちにとっても良い供養になる」という供養観を有してきた。だが人形協会側はそうではなく、その根本的な考え方の差異が原因であり、窪田はこうした対立を招いたＵＳＪ側にマスコミ対応やリスク管理の甘さがあったと指摘して記事を締めくくっている。

ここで言及されている供養観とは、人形観と言い換えてもいいようなものであると考えられるが、本章ではさらに一歩進んで、なぜそうした観点の相違が生まれてしまったのかを検討してみたい。

言い換えればそれは、なぜ人形《と》ホラーはしばしば結びつけられ、時に／人によって結びつけられないこともあるのか、結びつく／結びつかないとすればそれはどのようにか、という問いになろう。

結論めいたことを先に述べてしまえば、それは人形が宿命的に抱える性質ということに尽きるが、本章ではその点について人形と呪いの関係や、いわゆる「人形ホラー」と呼ばれるような作品をいくつか取り上げながら、人形《と》ホラーの関係に分け入ってみたい。

人形による呪いとは

まずは人形による呪いについて取り上げる。

人形で呪いと聞くと、わら人形を思い浮かべる方も多いだろう。最近では一八七七年（明治十年）に上野公園で発見されたわら人形が東京国立博物館で展示され、話題となった。またわら人形が関わる事件も二〇一七年一月だけで、二件もニュースになっている。

・一月六日、女性に交際を断られた愛知県在住の高校非常勤講師の男性が、自宅敷地内に針の刺さったわら人形のようなものを置いたとして、ストーカー規制法違反の疑いで逮捕。
・一月二十三日、群馬県内にあるゲームセンターの駐車場に女性の名前や似顔絵を赤い塗料で書き込み、くぎを刺したわら人形を置いた男が脅迫の容疑で逮捕。

これらの罪名を見ると明らかだが、今日では、わら人形で呪いをかけること自体を罪に問うことはできない。しかしかつての日本では、人形を用いた呪いは法で禁止されていた。人形による呪いは厭魅（えんみ）と呼ばれ、聖武天皇によって七二九年に出された勅令には、厭魅の首謀者は斬首、加担者は流刑に処するとある。七五七年の養老律令にも同内容の条項があり、一八七〇年（明治三年）の新律綱領でも厭魅は禁止されている。

明治時代になってもなお、法典文書に厭魅が登場することはいささか驚かされる。前述の通り、今日において、人形による呪いを禁止する旨を明文化した法律は存在しない。

だが上述した事件に目を向ければ、最近においてもなお、わら人形による呪いはある程度は現役の存在であるといえるかもしれない。ここに挙げた以外にも毎年それなりの数のわら人形に関連する事件があり、その度にわれわれはぎょっとするわけだが、ではなぜこうした人形は未だ人々に一定の恐怖をもたらし得るのだろうか。

その理由のひとつは、わら人形が呪いをも媒介し得るメディアに他ならないという点にあろう。

文化人類学者の小松和彦は、呪いとは「呪い心」と「呪いのパフォーマンス」が組み合わさって成立するものだと述べる。（小松 15）

わら人形を用いた呪いのパフォーマンスといえば丑の刻参りが有名だが、われわれがパフォーマンスそのものを目にすることは通常かなり難しい。よって神木に打ちつけられたものや、博物館に展示されたものを目にすることとなるわけだが、いつ誰がどのようにして使用したわら人形

なのかはわからない。(1)

つまりわれわれはわら人形というメディアを介して、どこかの誰かが呪い心を持ちそれを用いてパフォーマンスしたらしいという痕跡のみを目にすることとなる。その痕跡から誰かの呪い心を垣間見てしまうとき、現代社会に馴染まぬその存在感に思わずぞっとする人は少なくないはずだ。

わら人形と境界

またわら人形がしばしば「境界」に置かれていることも重要だ。

例えば東北地方のある地域では、カシマさま、ショウキさまと呼ばれる四メートルほどのわら人形が存在し、そこには五穀豊穣や子孫繁栄、無病息災といった祈りが今でも捧げられている。様々な種類のものがあり、どれも特徴的な姿形をしているのだが、講義で画像を見せると、悪さをしたら呪われそうでこわいという声と同じくらい、顔がかわいい、迫力があってかっこいいという声も多い。人形道祖神と呼ばれることもあるこれらはコミュニティにとって守り神でもあり、民俗学者の神野善治が指摘するように、ムラと世間、ムラと山道を隔てる境界に置かれている。(神野 610-611)

ここでいう境界とは文化人類学者の山口昌男も述べるように、内と外、生と死、此岸と彼岸、

図版引用35　ショウキ様（神野 0-8）
新潟県東蒲原郡津川町のショウキ様。性器の大きさには目を見張らざるを得ない。

文化と自然といった多義的なイメージの重なる場を指す。あくまでその区分は恣意的なものに過ぎないが、われわれが前者の側で日常や秩序を維持するためには防壁が必要で、その役割を担うのは魔性を備え《こちら》と《あちら》いずれにも所属できる両義的な存在が望ましいという（山口 92-93）。

よって人間の姿を模していながらも超越的な役割を有したわら人形は、境界に配されるにはうってつけである。だが民俗学者の赤坂憲雄は、今日、道祖神のような目に見える境界標識はわたしたちの周囲から消え、境界のおびる意味を感受する能力もまた確実に衰弱していると指摘する。（赤坂 17）

確かに、とりわけ都市に生活する人々にとってそうしたものに触れる機会がほとんどないのは事実であろう。

図版引用36　カシマ様（神野 0-7）
秋田県湯沢市のカシマ様。表情が勇ましい。

それでも、非科学的な魔性の存在やそれを感じる力がこの世界から消失してしまったわけではない点は重要だ。「呪い」は「のろい」の他に「まじない」とも読む。靴下を履くのは必ず左足から、願いを込めたミサンガを身につけるなど、まじないはわれわれにとって身近な祈りの一種である。また、テレビアニメ『地獄少女』に登場するわら人形を模したストラップを「見た目がかわいいから」という理由で手に入れ、友達と「呪いごっこ」なる遊びに夢中だったことがあると語る学生もいた。(2)前近代的、非科学的だといわれようと、こうして呪い（のろい／まじない）は形を変えて様々な場所にひそんでいる。そして呪い（のろい／まじない）の痕跡であるわら人形がメディアとなって、境界やその向こう側の存在を不意に感じ取る時に、ついつい目を惹かれながらも恐怖を覚えるのではないか。

魔性かわいい人形たち

実はこうした祈りや魔術、呪術と不可分な存在でありながら、見た目が魅力的で、時に玩具にもなり得るという性質は、人形文化研究者の岡本万貴子が、人形における「祈り」と「遊び」の領域は明確に区分しがたいと述べる通り、様々な人形にも共通して見られる性質である。（岡本　27）

例えば雛人形はどうだろう。元々は季節の変わり目に悪気を祓うために行なわれた雛流しから派生したものといわれている。この雛流しがいつ頃からはじまったかを断定することは難しいが、平安時代には既に穢れや災いを人形に負わせ流していたという記録がある。これがやがて雛遊びに転じ、その後、今日の雛人形飾りへと変容していったといわれる。

更に腹話術人形はどうか。元々は降霊術の一種で、死者の霊を降ろし、その声を再生する役割を果たしていたのが腹話術師であったという。この時点では人形は用いられていなかったが、十八世紀頃からその声を外化する目的で人形が採用されるようになり、徐々に芸能として親しまれるようになっていった。その後、十九世紀末から二〇世紀初頭にかけて活躍した腹話術師フレッド・ラッセル（Fred Russell）が、人形＝ボケ、腹話術師＝ツッコミという今日的な腹話術のスタイルを確立した。

こうした例からわかるのは（もちろんそれぞれの独自性は尊重されねばならないが）、人形の有する人々の祈りや魔術、呪術と結びつきながら、愛玩、愛好の対象にもなってきたという性質である。現代を生きるわれわれにとって魔術や呪術は決して身近なものではないが、それにもかかわらず人形はしばしばメディアとして機能し、そうした両義性を垣間見せる。そんな時にわれわれは、愛らしくも恐ろしい存在として人形をとらえるのではないだろうか。

そうであるとすれば、人形を即ホラーと結びつけることも、そうされることを「負のイメージ」と断罪することも、いずれも不十分な態度といえる。といいつつ、ここで結論を急ぐことはしない。次に、人形の登場するホラーと呼ばれる作品の多くが、人形のそうした両義的な性質を自覚的／無自覚的に取り入れていることに着目したい。

その事例を網羅的に取り上げるのは当然不可能であるので、ここでは代表的なものとして『チャイルド・プレイ』と『クレヨンしんちゃん』を例に、人形《と》ホラーの結びつきについて考えてみたい。

『チャイルド・プレイ』について

一九八八年公開の『チャイルド・プレイ』は七〇―八〇年代のアメリカホラー映画ブームの中で製作された作品で、二〇一七年には第七作目となる『チャイルド・プレイ～チャッキーの狂気病棟～』(*Cult of Chucky*)が公開(劇場での上映はせずソフト化のみ)された。本章では第一作を主に扱う。まずはあらすじを紹介しておこう。

連続殺人犯であるチャールズ・リー・レイは警察に追われ命からがらおもちゃ店に逃げ込む。息を潜ませながらなんとか逃げ延びる方法を探るが、瀕死の状態でなすすべがない。そんな時、目の前に崩れ落ちてきたおもちゃのグッドガイ人形が目にとまり、ヴードゥー呪術を使う。すると暗雲が立ち込めおもちゃ店には雷が落ちる。

　少年アンディは母のカレンと二人暮らし。テレビCMを見て、カレンにグッドガイ人形をねだるも、贅沢はできないとなだめられる。ある日、カレンは路上でグッドガイ人形が格安で売られているのを見つけ、すかさず購入。アンディに渡すと大喜び。腹部に内蔵されたボタンを押すと、「ハイ！　僕はチャッキー、君の最高の親友さ」と声を出す。

　その日以降、アンディの周りでは怪死事件が相次ぐ。警察は、アンディの関与を疑うが彼はチャッキーの仕業だと証言する。実はこのチャッキーには殺人鬼レイの魂が乗り移っており、この人形が次々と殺人を犯していたのだ。だがチャッキーはアンディとは口をきくも、人前ではおもちゃを演じているため、その話を誰も信じない。

図版引用37　DVD『チャイルド・プレイ』ジャケット（監督トム・ホランド）　2003年発売
販売元　20世紀フォックスホームエンターテインメント
一八年現在で全七作が発表されている本シリーズだが、チャッキーの目的は無差別殺人を楽しみながら、標的となる人間のからだを奪うこと。だが、第五作で遂に子供をもうけたチャッキーは、人形のままの自分を肯定し、その事実を受け入れることを宣言する。その後も続編が作られているためこの宣言はなかったことにされているが、ありのままの自分を受け入れようとするチャッキーの姿には涙が止まらない。

そんな折、チャッキーは人形の代わりとなる肉体を手に入れる方法を知るため、ヴードゥー呪術を教わったドクター・ジョンのところに出向く。ジョンは禁忌を犯したとしてチャッキーを攻めるが彼は聞く耳を持たない。結局、チャッキーはジョンを殺害し、肉体を取り戻す方法を聞き出す。チャッキーがジョンから聞いた方法は、人形となった彼と最初に話した人物の前で呪文を唱え、その肉体を乗っ取るしかないというもので、その人物とは他ならぬアンディであった。そして、チャッキーは手を尽くしてアンディを捕まえようとする。だが、間一髪でその正体に気づいたカレンや警官の協力を得て、アンディは窮地を脱しチャッキーを倒すのだった。

アメリカのホラー映画におけるヴードゥー

図版引用38　DVD『チャイルド・プレイ ～チャッキーの狂気病棟～』ジャケット（監督ドン・マンシーニ）２０１７年発売
販売元　ＮＢＣユニバーサル・エンターテインメントジャパン
前述の通り、チャッキーは第一作目から一貫して人間のからだを奪うということを目標としてきたわけだが、本作では遂にそれが叶う。人形のチャッキーが主役のシリーズなのに叶ってしまっていいのか、という気持ちにならなくもないが……ともかく今後も目が離せない。

アメリカにおける七〇、八〇年代のホラー作品には、今日でも名作と呼ばれるようなものが多数あり、枚挙にいとまがない。人形を主要な題材にした作品も七五年のオムニバステレビ映画『恐怖と戦慄の美女』(*Trilogy of Terror*)、七九年の『マジック』(*Magic*)、八七年の『ドールズ』(*Dolls*)、八九年の『パペット・マスター』(*Puppet Master*)など多数ある。

それぞれの作品に触れている紙幅はないが、『チャイルド・プレイ』にも登場するヴードゥー教は当時のホラー映画(とりわけゾンビ映画)における重要なモチーフのひとつだ。このヴードゥー教はハイチに連れてこられた黒人奴隷の間で、アフリカをルーツとする宗教として発達したものである。ここで注目したいのは、ヴードゥー教は人間とそれ以外のものの間に境界を設けず、むしろ連続したものとしてとらえる考えを有した宗教であるという点だ。(檀原 421)(3)

それを踏まえれば、『チャイルド・プレイ』で死者であるレイが人形として復活を遂げる際に、ヴードゥー呪術を用いることは単なる偶然とはいえない。人間と人形の間には所有者と所有物という主従関係が結ばれることが少なくないが、人間とそれ以外のものの境界を曖昧にしてしまうヴードゥー呪術の前では、そうした関係は不確かなものとなる。むしろその関係の逆転をも許してしまう、一見かわいらしくも魔性を帯びた存在として人形チャッキーを描くために、ヴードゥーの引用が必然だったといっていいだろう。

連れていかれちゃう？　『チャイルド・プレイ』は何が怖いか

しかし、『チャイルド・プレイ』におけるホラー表現は、ヴードゥー呪術によっておもちゃの人形が動き、主従関係が逆転することだけから成り立っているのではない点は指摘しておきたい。それを考える上で重要なのが作中の次の場面である。

（取調室。マジックミラーになっていてアンディたちを医師や警察官が観察している）
カレン　よく聞くのよ。チャッキーの話はだれも信じないわ。すぐに本当のことを話さないと、あなた、連れていかれちゃうわ。
アンディ　（チャッキーの正面に立って。徐々に揺さぶり、小突くなどしながら）ほら何かしゃべって。僕連れてかれちゃう。何かしゃべってよ。チャッキーしゃべれよ。なぜウソついたか言えよ。チャッキー何か言えったら。早く。
チャッキー　（おもちゃの声で）ボクチャッキー。君の友達だ。ハイディホー。
（アンディ、チャッキーを殴る）
アンディ　ママ今のわざとだよ。本当のこと言ったら殺すって言ったんだ。
アードモア　州立病院のアードモア医師です。これで十分分かりました。数日、私どもがお預かりします。

この場面でチャッキーは巧みに、自身が愛らしい人形であることを利用しアンディを陥れる。作品中盤のこの時点において、チャッキーの正体を知っているのはアンディと観客のみで、母親のカレンですらそれを信じていない。

カレンや警官のノリスはのちにその事実を知り、チャッキーと戦うこととなるが、それ以外の人物の助けを得ることはできない。なぜならチャッキーの正体を知った瞬間、ほとんどの人物は殺されてしまうからだ。

よってチャッキーの正体について彼らがどんなに主張をしようと、いや主張すればするほどどこかの施設に「連れていかれちゃう」可能性が高まるばかりなのだ。（実際に『チャイルド・プレイ2』では、カレンは精神病院に入り、アンディは施設に預けられている。最新作『チャイルド・プレイ～チャッキーの狂気病棟～』でも、前作でチャッキーに襲われた少女ニカが精神病院に収容されており、院内が作品の舞台になっている）。

この設定の恐ろしさは、観客の立場も含めて考えるとよくわかる。観客は、人形が動いたと主張するアンディが嘘を言っていないことを知る貴重な目撃者でありながら、当然彼に手を差し伸べることはできない。そこで観客は、精神疾患者、殺人犯としての扱いを受け続けるアンディに同情を覚えるかもしれない。

しかしふとした瞬間にこう考えることはないだろうか。

「人形が動くなんてことがあるか」
「もしかしたら、スクリーン上で展開するチャッキーの凶行もアンディの幻覚や妄想や狂気の産物に過ぎないかもしれない」

そう考えてみると『チャイルド・プレイ』とは、人形が動き、襲い掛かってくるだけの作品とは言い難い。われわれはアンディたちの幻覚や妄想、狂気の産物とも呼び得るような映像を否応なく共有させられてしまう。受講者のなかにも帰宅後、人形が動いて、襲い掛かって来るかもしれない、いやいやそんなことはあり得ないだろバカバカしい、という観念にとらわれるようになって困っている、作品に出会う前の《世界》に戻りたい！　と嘆く者が毎年一定数いる。

こうして考えてくると、本書でも取り上げたある作品を想起されている方もいるかもしれない。そう、第一章で取り上げた『トイ・ストーリー』もまさに、人形が人形であることと生物であることの二重性を利用した作品であった（ちなみに両作の主人公の名前はどちらもアンディ。単なる偶然にしては出来すぎな気がする）。

第一章で述べた通り、『トイ・ストーリー3』のクライマックスを見る限り、アンディは大学生になっても、オモチャを単なるモノとして扱うような《成長》は遂げていなかった。また第五章、六章で取り上げた『くまのプーさん』のクリストファー・ロビンや、初音ミクやリカちゃんを愛好する者たちも、程度の差はあるだろうが、少なからずアンディと通じ合う人形との想像／創造的関わりを持っていた。しかしながら、『チャイルド・プレイ』について考えた後では、彼らのそうした間柄を無条件に称賛することを躊躇ってしまう。

なぜなら、こうした議論を経ると第一章では《共犯関係》、第五章、六章では《愛》と呼び考えてきた両者の間柄は、狂気や妄想と紙一重で、ちょっとしたきっかけによって、いつでもホラーの源泉となり得るような不安定さと共にあるといわざるを得ないからだ。そうなると『トイ・ストーリー』のアンディも『くまのプーさん』のクリストファーも、わたしやわたしの講義を真に受けた受講者だって、いつどこかの施設に「連れていかれちゃう」か分かったものではない。

一方で、そうした思考を促す『チャイルド・プレイ』のホラー表現は、前述した、魔性を宿しつつ愛玩の対象にもなるという人形の性質を利用した巧みなものといえよう。そして、人形《と》ホラーについて思考することのスリリングさは、人形という一見、取るに足らないようにも思える存在によりわれわれが（実はあまり根拠もなく）依って立っていたこの《世界》そのものを、揺さぶってしまうことにあるのではないかと気づかされる。

この点について更に考えるために、次は『クレヨンしんちゃん』のホラーエピソードを取り上げたい。一見子ども向けだが作品の細部に注目するとこちらもまた、人形にしかできぬ方法でわれわれの《世界》を揺さぶらんとする巧みな作品である。

『クレヨンしんちゃん』について

『クレヨンしんちゃん』は、一九九〇年に臼井義人により『漫画アクション』に連載されたコミックである。九二年にテレビアニメ化、九三年には映画化されている。とりわけ映画は二〇〇一年の『クレヨンしんちゃん 嵐を呼ぶ モーレツ!オトナ帝国の逆襲』や〇二年の『クレヨンしんちゃん 嵐を呼ぶ アッパレ! 戦国大合戦』、一四年の『クレヨンしんちゃん ガチンコ! 逆襲のロボとーちゃん』など、評価の高い作品も多い。原作者の臼井は〇九年に事故死しているが、それ以降も漫画、アニメ、映画は継続して製作され続けている。

わたしが小学生の時、『クレヨンしんちゃん』の視聴が禁止されている家庭は少なくなかったし、いまの大学生も一定数がそうであったようだ。しんのすけというキャラクターが頻繁に下ネタを口にすることから、PTAからクレームが入ることも珍しくないが、しんちゃんの独特の喋り方を真似する同級生はどこの地域にもいたし、影響力の大きさからいって国民的作品のひとつといって差し支えないだろう。

本章ではテレビ版で一年に何話か放送されるホラー回と呼ばれるエピソードのなかでも、殴られウサギというキャラクターが登場する一篇『殴られウサギの逆襲だゾ』を取り上げる。これは〇三年六月七日放送のエピソードで、「殴られウサギ」シリーズの原点ともいえる。あらすじは次のようなものである。

舞台はネネちゃんの家。ネネ母とネネは怒りを覚えるとウサギのぬいぐるみを殴る。その日も、ネネ母は夕食が不要で朝まで帰らないと電話をしてきたネネ父に怒り、ウサギを殴っていた。一方ネネは、アニメ『ま・ほー少女もえP』を見て、魔法を使わず餃子を三十分作り続けただけの日常系エピソードだったことに対し、「何書いてんだよ脚本、素通しかよプロデューサー、やる気だせよ演出、オタ向けじゃなく子ども向けに作れよな」と怒り、ウサギを殴る。

その夜、ネネは目を覚ます。違和感を覚えたネネは寝ていた母を起こす。するとダイニング奥のリビングにウサギが横たわり、プリンを食べながらテレビを見ている。あり得ない光景に腰を抜かす二人。それに気づくウサギ。おびえる二人に「わたしを殴る時とずいぶん態度が違うのね」といって近づく。二人を抱きかかえ、「すべてのぬいぐるみの名にかけて許すわけにはいかないわ。あなたたちはね、罰が当たるの」と告げる。そして、ニンジンジュースとマッサージを要求したウサギは『うさぎとかめ』のビデオに激怒し、『浦島太郎』の亀がいじめられるシーンを何度も巻き戻して見てはほくそ笑んでいる。

朝。ネネは起きる。昨夜の出来事が悪夢であったことにほっとしながら朝食をとりにリビングに向かうと、ウサギのぬいぐるみがダイニングの椅子に座っている。母に理由を尋ねると、「たまにはウサギちゃんにもジュースあげてみよっかなって。ぬいぐるみでも大事にしてあげないと」と答える。そこで二人は同じ夢を見ていたことがわかり、おびえる。

インターフォンが鳴り、しんのすけが遊びにやってくる。しんのすけはズカズカとダイニングにあがる。ネネたちはダイニングを急ぎ足で横切り、その隣にあるリビングに逃げ込む。昨日の夢は何だったのだろうと顔を見合わせている二人の眼前に、ウサギがこちらを向いて「ねえ二人とも、殴ってぇ〜」と迫る。実はしんのすけが声を当て操って見せただけであったが、二人はおびえ、土下座する。それを見て不思議そうな顔のしんのすけ。

敷居が隔てるものは何か

恐怖体験→夢オチという展開は類型的であるが、ここではネネ家の部屋の構造と人物配置、後半に登場するしんのすけ及びウサギに着目して、本作のホラー表現を考えてみたい。あらすじを読むと明らかなように、本作でしんのすけが登場するのは終盤のみである。朝を迎え、ネネ家にしんのすけがやって来て、ダイニングへ向かうが、ネネたちはダイニングをそそくさと通過し、スリッパを脱ぎ、リビングへ移動する。

よってこの場面における人物配置は、リビングにネネとネネ母、ダイニングにはしんのすけとウサギがいる状態となる。そこでウサギを操るしんのすけが腹話術のようにして「ねえ二人とも、殴ってぇ〜」というと、ネネたちはウサギがまた動き出したと勘違いして恐怖し、土下座をする。この描写が可能なのはそもそもウサギの声をしんのすけの声優である矢島晶子が担当しているからに他ならないが、そのことによってネネたちとしんのすけたちを隔てるようにある敷居の存在が強い意味を帯び始める。端的にいえば、この敷居は境界線の役割を果たしているのだ。

ではこの敷居はなにとなにを隔てているのか。

それは『クレヨンしんちゃん』という作品が元来もつ構造と深く関係する。本作は原作者の臼井が住んでいた埼玉県春日部市を舞台としている。(4)

アニメを放送するテレビ朝日のウェブサイトに「嵐を呼ぶ園児、しんちゃんのパワフルな日常を描く」と記されている通り、奇想天外なしんのすけを取り巻く人々の「日常」描写を中心とした作品である。もちろん春日部から物理的/時空的に離れること(=非日常)もあるが、どんな出来事に巻き込まれようとも最終的に彼らの家(=日常)へ帰宅すること(もしくはそれを暗示すること)が物語の着地となる。

それを踏まえれば、ネネ家の敷居が区分するものが明らかになろう。ここではネネたちの日常が、昨夜の出来事によって非日常の最たる存在となったウサギによって脅かされようとしている(と少なくとも、ネネたちは強く感じている。ちなみにリビング側の机には朝食とテレビがあり、敷居のダイニング側には彼女たちが脱いだスリッパがある。彼女たちが敷居という境界線のこちら側で日常を取り戻そうとしていることを示す効果的な小道具である)。

先述した人形道祖神のように、ウサギはかわいらしい見た目でありながら境界に屹立し、ネネたちをじっと見つめている。一方ネネたちは、昨夜ウサギに明け渡してしまったリビングで、恐怖におびえながらも今日こそはこちらを譲るまいと、あちらにいる彼らに対峙しているのである。

境界をうごめくしんのすけ

ではそんな時に、しんのすけはなぜネネたちと対峙するダイニング側にいるのか。それもまた、本作が抱える性質に根拠を求められる。

本作は元々、青年誌に連載されたギャグ漫画でいわゆる「子ども向け」作品ではない。端的に言うならば、大人にとって奇想天外で、未知の《他者》とでも呼ぶ他ない子どもたちとの日常を描いた作品である。

本作に登場する子どもたちはいずれも個性的であるが、そのなかでも突出したキャラクターは野原しんのすけである。野原家だけでなく、近所の人々や幼稚園の同級生たちをも困惑させ続けるしんのすけは、極めて愛らしいが、同時に作中人物たちにとって意味不明で理解しがたい《他者》でもある。

それは夏目房之介が述べるように、彼が近代人的な内面とは最も縁遠いキャラクターであるからともいえる。

のび太やチャーリーにはコンプレックスがあって悩むし、まる子は作者のなつかし話をベースにした「子供はホントはこんなふうに思ってた」という「思い当たり」マンガだ。つまり彼らには近代人の「内面」があるのだ。

しんちゃんには、Hで人をくった「行動」原理はあるが「内面」はない。ないからこそ、みさえ＝母もひろし＝父も、彼の行動を「やっぱり子供だな、かわいいもんだ」と「カン違い」してしては裏切られる。「内面」ではホントはこう思ってる、という理由づけがないからこそ、しんちゃんには大人を翻弄する行動の「自由」が保証されているのだ。（夏目 127）

ここで夏目が述べるようにしんのすけが近代人的内面を持たないとすれば、ネネたちとウサギの両方の領域を行き来できる理由もわかる。前述の通り境界とは、われわれが日常や秩序を守るため恣意的に設けた《こちら》と《あちら》の区分が交わる場で、今日においてほとんど意識されない。だとすると、しんのすけはネネの同級生でありながらその区分にとらわれぬ「自由」な存在であり、それ故にこの時はウサギの側にいて、境界を可視化し得る《他者》として機能しているのではないか。

よってネネ家における敷居を挟んだ両者の対峙は、《他者》や非日常が敷居の向こう側まで迫り、今にもネネたちの日常を侵しかねない緊迫した状況描写によって、ホラー的場面たり得ているといえよう。

チャッキーとウサギは何が怖いか

こうした諸設定が効果的に機能することで、『クレヨンしんちゃん』のホラー回は成立しているわけだが、前述した『チャイルド・プレイ』におけるチャッキーとウサギを比較しながらその相違点と共通点を探ってみたい。

チャッキーは映画冒頭でレイという殺人鬼の魂が宿り、母親のカレンが路上で購入した人形であった。一見かわいらしいが実際はアンディの肉体を奪おうと殺人を繰り返す。一方『クレヨンしんちゃん』のウサギはネネのコレクションのひとつで、ずいぶん前から家にあるようだ。そしていつも自分を殴るネネたちに逆襲するという動機はあるものの、なぜウサギが動くのかについての説明はない。つまりこのウサギ、結局なんだかよく分からない存在なのだ。その点がチャッキーと大きく異なっている。

共通点もある。アンディやネネにとってチャッキーやウサギは、（少なくともどこかのタイミングまでは）単なるモノ以上に大切な存在であったはずだ。それがいつの間にか最も身近で最も恐ろしい《他者》へと変容し、何とか事態がおさまったとしても、回帰するはずだった日常は既にそこにはない。いやもしかしたら、もともとこの《世界》にそんなものはなかったのかもしれないという余韻が両作の幕切れにはある。こうして人形の両義的な性質に依拠しながら、われわれの日常や《世界》を揺さぶる点にこれらの作品の「人形ホラー」としての真価があるのだ。

新たな人形《と》ホラーにむけて

二〇一六年末の講義に、『呪怨　白い老女』（〇九）、『七つまでは神のうち』（一一）など多数のホラー作品を手掛けられている脚本家・映画監督の三宅隆太氏をお招きした。携わった作品と、TBSラジオの番組『ライムスター宇多丸のウィークエンドシャッフル』出演の際に披露されていたお話の内容から、わたしの講義と強い親和性があるはず！　と思い、お声がけしたところゲストに来ていただけることとなった。当日は「心霊映画と人形」をテーマにご自身の手掛けられた作品上映も交えお話いただき、受講生はもちろんわたしもすっかり聴講者気分で聞き惚れてしまった。

興味深い話ばかりだったが、なかでも印象に残っているのが、作品に人形を登場させる際はモノではなくひとりの俳優として扱うよう、現場で意識を共有することを心がけているという話だ。スタッフはもちろん、俳優陣もそうしないと満足のいく作品は作れないという。

なぜか。それは人形が、かかわる人間たちの気持ちや主観を写し取ってしまうからだ。それだけ聞くとオカルト話のようだが、そうではない。人間の心理を描くにあたって表情や視線の動きが重要であるのと同様に、人形にも心理とそれに応じた微細な表情や視線がある。それにもかかわらず製作者や俳優が人形を単なるモノとして扱ってしまうと、そうした細やかな表現が困難になるという。

「人形とホラー」というような講義名を掲げていると、誤解を招くこともしばしばある。それこそＵＳＪのアトラクションのように、人形の「負のイメージ」を喧伝するような試みと思われることも何度かあった。しかし三宅氏の特別講義は、過激表現や恐怖描写を担わせることと人形を粗末に扱うことは全く同義ではないと、改めて確信する機会となった（また、うすうす気づいていたことだが、人形の《心理》や《表情》といった用語が、普段からあまり注釈もなく飛び交うわたしの講義を撮影すれば、それなりのホラー表現になるということもよくわかった）。本当に印象的なゲスト講義だった。

こうしてみてくると本章冒頭のＵＳＪの一件は、人形の魅力とそれと不可分な魔性が引き起こした出来事であるばかりか、われわれが人形といかなる関係を構築してきたか、今後どのように構築していけるかを考えるための、意義深い問いだったことが分かるはずだ。当たり前のようなことだが、人形やそれを取り巻く文化的、社会的状況はひとつの観点で説明が出来るような単純なものではない。では多面的な人形をいかに多面的な存在としてとらえ考えることが出来るか。そうした課題を浮き彫りにした一件なのではないか。まだまだ様々な人形やそれに関する作品を取り上げて議論を深めていく必要があるが、その思考訓練の第一歩として人形《と》ホラーをこうして取り上げることの意義は小さくないはずだ。

【註】

1 「丑の刻参り」（うしのこくまいり）は、屋代本『平家物語』「剣の巻」、謡曲「鉄輪」、お伽草子「鉄輪」などに登場する「宇治の橋姫」伝説を原型のひとつとし、さまざまな要素を寄せ集めて江戸時代に成立した儀式。やり方を簡単にまとめておく。白装束で、顔に白粉、歯には鉄漿（かね）、濃い口紅、頭に鉄輪（かなわ）を逆にかぶり、その三つの足にろうそくを立てて口に櫛をくわえ、胸に鏡をつるして神社のご神木や鳥居に藁人形を五寸釘で打ち付ける。丑の刻は現在の午前二時前後の二時間で行為は誰にも見られてはならない。七日目の帰りに寝そべっているはずの黒い牛をまたいで完了する。（梅屋 1）

2 『地獄少女』は〇五年に放送を開始し、既に四期まで製作されている。基本的に一話完結で、次のような流れで展開する。強い怨みを持つ者が、深夜〇時ちょうどにのみアクセス可能なウェブサイト「地獄通信」から依頼を出す→閻魔あいがそれを聞き届け、依頼者にわら人形を渡す→依頼者がわら人形に付属する赤い糸を解く→あいの仲間（三藁）たちがターゲットに恐怖を与え、あいによって地獄流しが行なわれる→依頼者は契約の代償として、死後、地獄に流されることが決定し、その証として身体の一部にマークが刻印される。

3 こうしたヴードゥー教の特徴は、ゾンビ映画にも波及している。評論家の地引雄一は、アメリカ白人たちが異教に抱いた恐怖が映画内にはしばしば描かれていると指摘する。そしてゾンビ映画を例にあげ「ゾンビはまさに、黒人文化の計り知れないパワーに対する不安の形象化として立ち現われた」と述べる。(地引 85-86)

そうした解釈に基づけば、ジョージ・A・ロメロ(George A. Romero)による『ナイト・オブ・ザ・リビング・デッド』(*Night of the Living Dead*)や『ゾンビ』(*Dawn of the Dead*)などで市民権を得た、人間を襲いその肉をむさぼるゾンビには、アメリカ白人による黒人たちへの不安や恐怖がいかばかりか書き込まれていたといえよう。

4　春我部市と表記されることもある。

第八章　最強ホラーとしてのアンパンマン

アンパンマン論にむけて

本章では映画『それいけ!アンパンマン　いのちの星のドーリィ』(以下、『ドーリィ』)を取り上げる。

いわゆる子ども向けアニメ映画の中には、名作と呼ばれるものが数多くある。『ドラえもん』や、前章で取り上げた『クレヨンしんちゃん』にそうした作品がいくつも存在することはすでに広く知られていることだろう。

こうしたシリーズに比べれば本章で扱う『アンパンマン』映画は、作品自体の知名度の割に、高く評価されているとは言い難い。上記の作品よりも対象年齢が低いことなどがその理由として考えられるが、本章を読めばこちらも見逃せないことがわかるはずだ。

前章で、人形は愛玩の対象となりながらも過激な表現を媒介するものでもあると述べた。本章ではまずそうした性質を巧みに利用したテレビ人形劇『ねほりんぱほりん』を取り上げる。その上で、一見、恐怖を喚起する類の作品とは思われない『ドーリィ』において、人形がどのように描かれているのか、それがどのような効果を生んでいるのかについて考えてみたい。いわゆる《ホラー》に分類されるような試みや作品でなくとも、人形《と》ホラーが結びつく瞬間はあり、それを見出すこともまた、人形について思考するスリリングさの証明に他ならないはずだ。

『ねほりんぱほりん』はなぜ人形か

一七年五月の講義にＮＨＫ Ｅテレで『ねほりんぱほりん』のディレクターをされている藤江千紘氏をお招きした。『ねほりんぱほりん』は一五年末に特番、一六年の九月から一七年三月末までレギュラー放送され、ＭＣをつとめる山里亮太とＹＯＵはモグラの人形に、事情があって顔を出すことのできないゲストはブタの人形に扮し、赤裸々なトークを行ない、内容はどうあれ、最後には「ニンゲンっておもしろい」という文言が画面中央に現れて締めくくられる。かわいらしい人形の姿形とそこで繰り広げられるトークの過激さのギャップが、とりわけＳＮＳ等で話題になり十代から三十代にかけての普段ＮＨＫにそれほど親しまない年代の視聴者を獲得しているという。

放送前から受講生たちと期待に胸を高鳴らせ、放送後はすっかりファンになってしまったわたしが、なんとかコンタクトをとり、藤江ディレクターによるゲスト講義が実現した。講義当日はわたしとの対談形式で興味深いお話をたくさんうかがい、学生たちからも活発に質問が寄せられすこぶる評判の回となった。

とりわけ「なぜ人形が必要なのか」という問いに対する藤江ディレクターの回答は興味深かった。番組制作前はMCのふたりは顔を露出し、顔を出すことのできないゲストのみが人形として登場すべきでは？　という意見もあったそうなのだが、結局全員が人形となった。著名タレントをキャスティングしておきながら画面に映っているのは人形のみ、というのは確かになかなか勇気のいる決断だろう。しかし藤江ディレクター曰く、ゲストもMCもみんな人形にすることで、

図版引用39『ねほりんぱほりん　ニンゲンだもの』表紙
２０１７年刊　発行元 マガジンハウス
第一シリーズの内容のエッセンスをまとめた単行本。ファンとしては制作陣や人形操演に携わった人たちのインタビューなどが嬉しいのだが、やはり文字情報だけでは本作の魅力が伝わりきらないのは事実。本編の副読本として有用だと思われる。

フラットな状態を用意し話を《聞く》ことができるのではないか、と考えたとのこと。たしかにテレビに映る人間の顔や表情、身体というのは様々な情報を発している。視聴者は絶えずその情報を受けとり、しばしばそれがノイズとなって話を《聞く》ことができなくなってしまうというのはあり得ることだろう。

またその際、ＭＣのふたりが無理にトークを感動的な方向に誘導したりせず、一定の理解を示す程度で番組が終わることが多い点も興味深い。必要以上にゲストに寄り添ったり、分かり合ったりする姿を見せるのではなく、話を聞き、理解できる部分も理解出来ない部分もあるなかで、時間が来れば「ニンゲンっておもしろい」に収斂していく。人形を使うことで過激なエピソードをマイルドに伝えつつ、ＭＣも視聴者も必要以上にブタに寄り添わなくてもいいという絶妙な《距離》を保つよう意識しているとのことだった。

番組のなかには人形を用いる効果がはっきりとみられる回が幾つかある。例えば一七年三月に放送された「整形する女」の回。整形した女性がテーマでその当事者が番組に出るとなれば、その人の顔が気になるものだ。しかしゲストはブタの人形になっているので顔が出ることはない（目元がぱっちりしたブタは登場する）。

それだと見ないという視聴者もいるだろうが、ノイズにあふれた人間の身体ではなく、人形が媒介することで、ゲストの話をしっかりと《聞き》、その内容を吟味することが可能になる。まさに人間にはできない役割を人形が果たした事例である。

また、こうした人形の役割やその有効性を考える上で、一七年十月放送の「元サークルクラッシャー」回も興味深い。ゲストのサヤカは大学のサークルで次々に男性と関係を持ち、サークル自体を機能不全に陥らせてしまう女性だ。サヤカはその際に駆使したテクニックを嬉々として話すわけだが、司会の二人はじめわれわれ視聴者にとってもなかなかに受け入れ難い人物である。

その証拠に、サヤカが喋れば喋るほど、視聴者にもはっきりと伝わるほど現場の空気は凍り付いていく。特にＹＯＵのリアクションは見ているこちらも冷や汗をかいてしまうほどだが、それでもサヤカは話すことをやめない。そしてその後、なぜサークルクラッシャーになったのか、そして大学卒業後から現在に至るまでどのような人生を歩んできたかが語られ、それまでのエピソードを打ち消してあまりある展開が待っている(ここにその内容の詳細を記すことは簡単だが、人形を介してサヤカの話を聞くことこそが重要だと思われるので、興味のある方はぜひ番組を実際に見てほしい)。

この回を見て、サヤカが語る彼女の生き方の切実さにわたしは息をのんだ。サヤカが過去にしてきたことはあまり褒められるものではないが、彼女の抱える苦悩はわたしやわたしの家族友人知人教え子の多くにとって全く他人事ではないではないか。先ほどまで自分とは別世界を生きる者にしか思えていなかったサヤカが、途端に身近に感じられた瞬間だった。

それと同時に、人形劇を用いたこの番組の真価について考えることも出来た。サヤカは自分の過去の行ないをブタに言わせ、更に自分が現在置かれている過酷といっていい状況すらもブタを使うことで客観視しながら、司会の二人に向けて滔々と語る。ここで人形は、サヤカにとっての分身のようでありながらどこか他人でもある。つまり、MCや視聴者だけでなく、ゲストにとっても人形が有効なメディアとして機能したときに『ねほりんぱほりん』は稀有な番組となり得るのではないか。そうして、人形が有する複雑で多面的な性質について考察し、一見ばかばかしく思えるものにも目を凝らし、耳を澄ませることの重要性を《教育》してくれるこの番組を、わたしの講義が扱わなくてどうするのだと改めて気付くことが出来た。

さて、本書の最終章で扱うのは『それいけ!アンパンマン いのちの星のドーリィ』という映画作品である。とりわけ作中に登場する人形のドーリィに着目し考察することで、現代日本を代表するヒーローのひとり・アンパンマンが抱える問題点と、本作のホラー的側面に触れてみたい。実は本作も『ねほりんぱほりん』同様、ばかげた対象にも見えかねないのだが、『それいけ!アンパンマン』と人形でしか描き得ぬものが潜んでいる。

間抜けで太った最初期アンパンマンとその批評性

まずは作品の来歴について簡単に確認しておこう。

今日われわれがあちこちで見かけるアンパンマンというキャラクターは、一九六九年にやなせたかしが発表した短編童話『アンパンマン』、七三年の絵本『あんぱんまん』、七四年の絵付童

図版引用40　『あんぱんまん』表紙
1973年刊　発行元 フレーベル館
出版当初はあまり評判がよくなかったが、これを読めば今や国民的ヒーローとなった彼の黎明期を知ることができる。

話『怪傑アンパンマン』に端を発している。

とりわけ絵本の『あんぱんまん』が人気を博し、七五年に絵本『それいけ！アンパンマン』が出版、七九年にＮＨＫで単発アニメ化、その後八八年に日本テレビで連続アニメ化、翌八九年に映画化、今日ではキャラクターグッズの大々的な展開等もあって知らぬ人のいない知名度を誇っている。

しかしそもそもどういう話だったのかを知る人は案外少ないのではないか。例えば六九年の童話『アンパンマン』の冒頭には次のように書かれている。

アンパンマン。あんまりきいたことのないなまえですが、たしかにある日、アンパンマンは空をとんでいました。みたところ、マンガのスーパーマンや、バットマンによくにていました。でも、まるでちがうところは、スーパーマンみたいにかっこよくなかったのです。全身こげ茶で、それにひどくふとっていました。顔はまるくて、目はちいさく、はなはだんごばなで、ふくれたほっぺはピカピカ光っていました。たしかにマントをひろげて鳥のようにとんではいましたが、なんだかおもそうでヨタヨタしていました。（やなせ 2012, 63）

ここに書かれている通り、六九年版に登場するアンパンマンは空を飛べるものの、その正体は太ったおじさんである。またお腹の減った相手に渡すアンパンは腹部にしまってあり、必要に応じてそこから取り出すだけ。作中にはスーパーマンやバットマンから「あんなうすぎたない奴のためにわれわれまで悪口をいわれる」、「ニセモノおっこちろ」と口汚くののしられる場面まで

図版引用41 『怪傑アンパンマン』表紙 1974年刊
発行元 サンリオ
アンパンマンがヒーロー像を模索し、作中にやなせの分身ともいえるヤルセナカスというキャラクターが登場するなど、彼のシニカルな作家性が色濃く出た作品である。

ある。この冒頭でも明示されているが、本作におけるアンパンマンは一貫して《かっこよくない》ものとされている。

そして本作の最後にアンパンマンは戦地に赴き、お腹の減った子どもたちにアンパンを上空から配る。だがその矢先に飛行機と間違われ高射砲陣地から撃墜され、安否は不明のまま「おなかをすかして泣いている　ひもじい子どもの友だちだ　正義の味方アンパンマン」と締めくくられる。（やなせ 2012, 67）

この六九年版からはっきりわかるのは、方法はどうあれ、ひもじい子どもに食料を届けるというあり方は今日のアンパンマン像と共通しているが、その一方で、やや間抜けで、ヒロイックな活躍からは程遠い存在でもあったということだろう。

ではなぜアンパンマンはそのように描かれたのか。

実はこうしたアンパンマン像には、やなせによる既存のヒーローへの批評的態度が表れている。それは例えば、やなせが七三年の絵本版『あんぱんまん』の巻末で、スーパーマンなどが誰のために戦っているのかよくわからないと指摘し、次のように書いていることからもわかる。

ほんとうの正義というものは、けっしてかっこうのいいものではないし、そして、そのためにかならず自分も深く傷つくものです。（中略）

あんぱんまんは、やけこげだらけのボロボロの、こげ茶色のマントを着て、ひっそりと、はずかしそうに登場します。自分を食べさせることによって、飢える人を救います。それでも顔は、気楽そうに笑っているのです。

さて、こんな、あんぱんまんを子どもたちは、好きになってくれるでしょうか。それとも、やはり、テレビの人気者のほうがいいですか。(やなせ 1976, 33)

ここから、テレビや映画で人気を博すいわゆる《ヒーロー》に対して、アンパンマンがどういう位置づけのものとして登場したかがよくわかる。すなわち、あくまでも既存のヒーローと距離を置き、それに批評的な眼差しを向けながらお腹の減った人への救済を描こうとして生まれたのが、間抜けなアンパンマンなのである。

ギャグと批評のアンパンマン

こうして生まれたアンパンマンであったが風変わりな設定だったこともあり、出版当初は評判がよくなかった。そこでやなせ自身の作家としての立ち位置をメタ的に描きこみ、アンパンマンというキャラクターを掘り下げたのが『怪傑アンパンマン』だ。本作においてアンパンマンは、「ピノキオのようにこのあんぱんの人形が動き出したら面白い」とジャムおじさんが独り言を言っているときに雷が落ち、次のようにして「誕生」する。

ドカァーン！

一瞬、なにもかもみえなくなったが、かわいそうにジャムおじさんは気絶した。

そして、あかりが消えてまっくらやみの工場の一隅がふいに青白く光ったかとおもうと光の輪の中にたちあがる黒い影がある。

ああ！

信じられないようなことがおきた。

あのアンパンマンの人形がすくっとたちあがったのだ。

まるでフランケンシュタインがはじめておきあがったときのようだ。（やなせ 2013, 4）

ここでピノキオやフランケンシュタインといった固有名詞があげられている点は興味深いが、アンパンの人形に雷が落ちたら命を宿し動き出した、という荒唐無稽な幕開きであることは間違いない。

そして生まれてすぐにアンパンマンは、「なぜ、ぼくは生れ、なんの為に空を飛んでいるんだろう」と考えながら空を飛ぶ。すると次のように続く。

ここで一部の理性的な読者は失笑するかもしれない。

「なんだこれは。熱血メルヘンが聞いてあきれる。アンパンの人形に思考力があるわけがない。やっぱりこの作者はダメだ。あまりにも無知すぎる。知性が欠落している。メルヘンといえどもでたらめは許されないのだぞ！」

しかし、それでは聞くが、君のその知性とか、思考力とか、なんとかはいったいどこから来たのかね。人間の身体だって、七〇パーセントの水分、含水炭素、蛋白質、その他いろいろあるにしても、肉体を構成している物質をどんなによせあつめても生命は生れない。現代の科学は蛋白質の合成にはようやく成功したようだが、生命そのものは永遠の謎だ。生命が去った肉体はアンパンとさして差はないのだ。

だからアンパンの人形にも心がやどることはあり得るのさ。（やなせ 2013, 8-9）

先の引用と併せて読めば明白だが、本作がナンセンスなギャグをちりばめた作品であることに疑いはない。

極めつけは、顔を初めて食べられたアンパンマンが、その行為によって得られた「恍惚」について次のように述べる場面である。

「ふしぎだ。生れてはじめての経験だ。大鷲におそわれた時、ふるえるほどの恐怖と絶望を感じたのに、それだけじゃない。心の中にうれしさがある。なんともいえない恍惚としたよろこびがふきあげてくる。もっと喰べられたいというおもいにかられる。ぼくはいったい、生れながらのマゾヒストなのだろうか」（やなせ 2013, 11-12）

今日われわれの多くが知るアンパンマンは、自己奉仕者として、自分の顔を人に食べさせるヒーローである。だが、絵本や童話における描写を参照すると、当初から何か確たる理念があって行動していたわけではないことがうかがえる。むしろ、自身のあるべき姿をギャグ描写も交え模索していくキャラクターがアンパンマンだったのである。

それと同時に、『怪傑アンパンマン』にもやなせ流のヒーロー論とでも呼ぶべき要素が含まれていることを指摘しておかねばなるまい。

物語の後半で、アンパンマンが認知された後あるきっかけによってバッシングを受けるようになると、手のひらを返したように味方だったはずの週刊誌が敵と化す。それを受け、作者の分身であるヤルセ・ナカスの心の声が次のように記される。

テレビにしても雑誌にしても、ある時は急に正義の味方になる。公正な顔をする。（中略）一度でも関係者が事故をおこすと、たちまち番組や誌面からしめだしてしまって、突然正義と秩序の味方に変身する。自分こそ社会悪の根源かもしれないのに。アンパンマンを徹底的に堕落したかたちで売りまくっていたのは週刊Vではなかったのか。（やなせ 2013,

83）

ここでヒーローや正義というものが、状況の変化によっていくらでも価値反転しうる流動的な存在であることが示されている。

つまり先述したキャラクターの間抜けさと、ヒーローや正義といった大命題に対する批評性の共存こそが、アンパンマンというキャラクターが黎明期から有してきた重要な要素であるということができよう。

『それいけ！アンパンマン　いのちの星のドーリィ』について

こうしたことを確認した上で、本章では〇六年発表の映画『ドーリィ』を取り上げたい。あらすじは次の通りだ。

物語は持ち主に捨てられた人形ドーリィが「いのちの星」の力により生命を得て、素体から金髪巻き髪ロングの青ドレス姿に変身するところから始まる。このドーリィは自分の楽しさだけを優先するシリーズ内屈指のおてんば娘であり、そんな彼女を周囲は煙たがる。

物語の中盤以降ドーリィは自分のいのちの星の輝きが陰り始めたことで悩み、アンパンマンやロールパンナに助言を求めるも、どう生きていくべきかまるで分からなくなってしまう。やがて、ばいきんまんの生み出した巨大ロボによる攻撃の的となるドーリィ。そんな彼女を守ろうと身を挺したアンパンマンは、ロボの度重なるビームによって絶命する。その刹那、ドーリィは遂に自身の使命を悟り、いのちの星をアンパンマンのために捧げる。復活したアンパンマンは巨大ロボを打ち倒すも、傍らにはドーリィの亡骸がある。

その夜、ドーリィの弔いが始まると、彼女には数多のいのちの星が降り注ぐ。腰の下まであった巻き髪は肩上に二つ結びされ、青ドレスからエンジのオーバーオール姿に様変わりした彼女は、こうして遂に《人間》になったのだった。

大まかなプロットはカルロ・コッローディ（Carlo Collodi）の名作で一八八三年に発表された『ピノッキオの冒険』（*Le Avventure di Pinocchio*）を踏襲しつつ、わがまま放題だったドーリィが、終幕においてアンパンマン的自己犠牲を体現する姿は涙を誘う。またクライマックスで流れ、本

図版引用42　ＤＶＤ『それいけ！アンパンマン　いのちの星のドーリィ』ジャケット（監督矢野博之）
２００６年発売　販売元　バップ
２０１８年公開の映画のタイトルが『それいけ！アンパンマン　かがやけ！クルンといのちの星』と発表されており、アンパンマン　いのちの星シリーズの続編？　と個人的には期待を募らせている。

作の主題とも深くかかわる楽曲『アンパンマンのマーチ』（以下『マーチ』）男声合唱バージョンは、感動を通り越して笑いすらこみあげてくるような荘厳さである。

こうして考えてみると、本作は良質な《子ども向け》映画にも思える。しかしながら、上述したようなアンパンマンが元々有していた要素を踏まえたうえで、『怪傑アンパンマン』のなかでも言及のあった『ピノッキオの冒険』と本作の関連を探ると、人形のドーリィを巧みに描いたホラー的側面が露わになる。

そこで回り道をするようだがここからは『ピノッキオの冒険』の歴史的位置づけやその主題について検討し、『ドーリィ』について考えるための補助線としたい。

ほんとうはおそろしい『ピノッキオの冒険』

『ピノッキオの冒険』は一八八一年から八三年にかけて、子ども向けの新聞に『ある操り人形のお話』（*La Storia Di Un Burattino*）として連載されていたものが、八三年に出版され、作者のコッローディの死後、広く知られるようになった。今日では一九四〇年に公開されたディズニーアニメ版『ピノキオ』（*Pinocchio*）の方がよく知られており、そちらを思い浮かべる人も多いだろう。しかしコッローディによる小説版は、十九世紀末のイタリアの置かれていた社会的状況と不可分な児童文学の名作のひとつであり、ディズニー版でカットされた要素には捨てがたいものが多い。

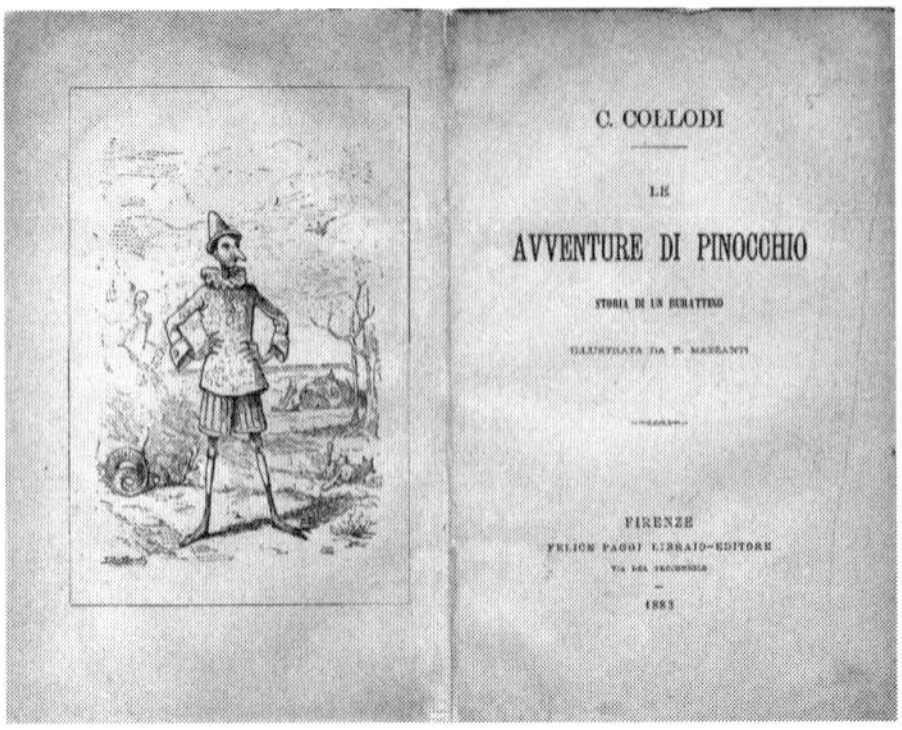

図版引用43　『ピノッキオの冒険』初版本書影
『ピノッキオの冒険』の冒頭、生命が宿ったものいう材木が登場し、街中を暴れ回った後、ゼペット爺さんのもとにたどりつき、それにゼペットが形を与え、ピノッキオと名乗るようになる。既にピノキオの形をした人形に後から生命が与えられるディズニー版とはその点も異なる。

例えばディズニー版では、ピノキオの相棒としてコオロギ、ジミニー・クリケット（Jiminy Cricket）が登場し、彼に物事の善悪を指南する役割を果たす。

だが小説版ではコオロギは冒頭に登場するのみで、それ以降、姿を現すことはない。なぜかといえば、ピノッキオは自分のことを「ふびん」といったコオロギに腹を立て、咄嗟に殺してしまうからだ。

この最後の言葉を聞くと、ピノッキオはカンカンになって飛びあがり、台の上にあった木づちをとって、ものをいうコオロギに投げつけた。

たぶん、ピノッキオだって、本気でぶつけるつもりはなかったはずだ。だが、まずいことに、木づちはコオロギの頭にまともにあたってしまった。気の毒にコオロギは、かすかにクリッ、クリッ、クリッと息もたえだえに鳴くと、壁にはりついたまま死んでしまった。（コッローディ 26-27）

ここで「本気でぶつけるつもりはなかった」と記されていることを真に受ければ、故意ではなかった可能性もある。しかし小説版におけるピノッキオはキレやすく残忍な性格であり、ついカッとなってコオロギを手にかけてしまうようなキャラクターであることは否定しようもない事実である。

そうした性格と無知ゆえにピノッキオは様々な騒動を巻き起こすわけだが、小説版ではその挙句、ネコやキツネに騙され大木の枝にくくりつけられてしばり首にされ、彼が息絶える場面すらある。

その時、ピノッキオの脳裏に浮かんだのは、父の姿だった。……息もたえだえに、つぶ

図版引用44　DVDディズニー版『ピノキオ』ジャケット　2003年発売　販売元　ブエナビスタホームエンターテイメント

受講生のなかにはこのディズニー版を幼少期に見てトラウマを植えつけられたと語る者も少なくない。コッローディの世界観がディズニー版にもある程度は引き継がれている証拠だろう。

やく。

「ああ、おとうさん！　おとうさんが、ここにいてくれたら……」

息が詰まり、それ以上はなにもいえなかった。目を閉じ、口を開け、両足をだらんとのばした。それから、大きな身ぶるいをしたかと思うと、凍ったように動かなくなった。（コッローディ 90-91）

実は元々このピノッキオの死をもって物語は完結するはずだった。しかしこの衝撃的なエンディングを受けて読者からたくさんの要望が寄せられ、結局ピノッキオは復活し、連載は再開されることとなった。もちろんこんなエピソードはわれわれが親しんだディズニー版には存在しない。

その後、人形の主人公が人間になったところでエンディングを迎えるという点は小説版、ディズニー版で共通している。だがその手触りはだいぶ異なっている。小説版では人間になったピノッキオは同じ部屋にいる人形の自分を見て次のように考える。

見ると、人形は、頭を片方にかしげ、両腕をぶらんとたらし、足は真ん中でからまってまがっていた。よく今までまっすぐ立っていられたものだ、と不思議に思えてくる姿だった。

ピノッキオは、人形のほうをむいてながめていた。しばらくじっと見つめたあと、心から満足したようにひとりごとをいった。

「あやつり人形だったころのぼくって、なんて滑稽だったんだろう。こうして、ちゃんとして人間の子になれて、ほんとうによかったな！」（コッローディ 296-298）

ここに引用した小説版では、人間になったピノッキオと人形のピノッキオが同じ空間に存在している。一方ディズニー版では、ご存知の通り、人間になったピノキオをゼペットじいさんたちが祝福するという結末であった。

ディズニー版も優れた作品であるし、これが多くの人に支持されるのも十分納得できる。また「ピノキオ問題」のような事例もあり、小説版が時代遅れの作品と位置付けられるのもある程度は仕方ないのかもしれない。(1)

しかし、小説版がピノッキオの絞首シーンで終わるはずだったことを踏まえれば、人間への転生を素直に喜んでいいのかは大いに疑問である。

なかでも「あやつり人形だったころのぼくって、なんて滑稽だったんだろう。こうして、ちゃんとして人間の子になれて、ほんとうによかったな！」というセリフは何を意味するのだろうか。実はその点を考察するには、『ピノッキオの冒険』が十九世紀末のイタリアが置かれていた社会状況、とりわけ《教育》を巡る問題と不可分な作品であることを踏まえる必要がある。

『ピノッキオの冒険』における《教育》批評

イタリア教育史研究者である前之園幸一郎によれば十九世紀末のイタリアでは、教育によって「国民」を作り出そうと試みていた。その際教育は、イタリア人のもともと有していた気質をおしつぶし平準化をはかるローラーの役割を担った。そのことで模範生以外にとって学校は苦痛を伴う場となり、結果として大衆は学習の主体ではなく、国家権力により統制される客体として存在せざるを得なくなったという。（前之園 141-142）

そうした社会状況下で発表された『ピノッキオの冒険』について、児童文学研究者のアン＝ローソン・ルーカス（Ann Lawson Lucas）の指摘は興味深い。ルーカスによればピノッキオは人形という一見客体的な性質をもった存在にもかかわらず、「人間に従うだけの卑屈な存在」、「糸に操られるだけの存在」ではない。むしろ様々な束縛から自由で主体的な存在として描くことで、当時の社会状況への反抗の寓意を込めつつ、奔放な人形＝ピノッキオという魅力的なキャラクターを生むことが出来たのである。（Lucas 57-58）

それを踏まえれば、「あやつり人形だったころのぼくって、なんて滑稽だったんだろう。こうして、ちゃんとして人間の子になれて、ほんとうによかったな！」というセリフに、ファンタジックな意味だけを見出すのは難しい。人形が人間になったというファンタジーは、もう戻ることのできない過去へのノスタルジーと表裏一体である。そしてその郷愁の背後には、人形よりもずっと不自由に生きていかざるを得ない人間と、それを導こうとした当時の《教育》への批評的眼差しがある。

イタリア国家がその後歩んだ道のりを知る今日のわれわれは、この批評性を見逃すことができない。なぜならこの数十年後に、イタリアは他ならぬベニート・ムッソリーニ（Benito Mussolini）により牽引されるファシスト国家へ舵を切る。そして、そのファシスト政権において最も重要視されたことのひとつこそが、子どもたちへの教育であったからだ。そこでは学校教育を通じて、「無制限の自己犠牲」をいとわない国民の育成が目指されていた。（前之園 163）

『ピノッキオの冒険』が発表された当時、まだそうした政治的気運は萌芽に過ぎなかったが、教育ジャーナリストでもあったコッローディは国の行く末をいち早く察知し、子ども向け作品を通じ警鐘を鳴らしていたのである。

以上、『ピノッキオの冒険』についてその時代背景や主題について駆け足で辿ってきた。そして先述したように、『ドーリィ』はこの『ピノッキオの冒険』のプロットを踏襲している。製作者はそこまで意図していなかったかもしれないが、この二作がマッシュアップされたことで、自由なピノッキオが当時のイタリア社会をそうしたように、わがままで奔放な人形ドーリィがアンパンマンを中心とする《世界》を批評する、稀有な作品となっている。

ロールパンナとドーリィの批評性

『ドーリィ』の中盤、ドーリィはアンパンマンに「なんのために生まれたの？　なにをして生きるの？」と問う（いうまでもなく『マーチ』からの引用だ）。するとアンパンマンは、夕暮れの虚空をじっと見つめながら「困ってる人を助けるためかな」と答える。だがドーリィはその回答に全く納得できず「つまんない」とその場を立ち去ってしまう。このやり取りからドーリィの一筋縄ではいかぬ性格が浮き彫りになるのだが、実は後に用意されたロールパンナとドーリィの対話によりこの場面の真価が明らかになる仕掛けだ。

とある夜、ドーリィが街のはずれをとぼとぼと歩いていると、傍らにロールパンナが現れる。ドーリィはロールパンナにも「なんのために生まれたの？」と問う。するとロールパンナは「わからない」という。ドーリィは「(アンパンマンの答えは）嘘だよね？」とたずねると、ロールパンナは「嘘じゃない。アンパンマンはそうなんだ。でもわたしにはできない」と答える。ちなみにロールパンナは、ジャムおじさんにより生みだされたメロンパンナの姉でありながら、正義の心と悪の心をあわせ持ち、それ故にアンパンマンたちとは遠く離れたくらやみ谷に住むことを余儀なくされているという極めて複雑なキャラクターだ。

彼女は本作でこの場面にしか登場しないのだが、この対話が先のアンパンマンとのやり取りのわずか六分後になされることの効果は小さくない。すなわち生きる目的が「わからない」ロールパンナの存在は、正義感溢れるアンパンマンを否が応にも相対化し、批評してしまう。結果として、アンパンマンよりもロールパンナの方がはるかに身近で「わかる」し、逆にアンパンマンが「つまんない」、どころかまっすぐ過ぎてなんだかこわい存在に見えてくるのはわたしだけではないはずだ。

またこうしたアンパンマンへの批評的態度は、物語冒頭、学校での『マーチ』合唱シーンにも垣間見える。児童たちの歌唱による「なんのために生まれて なにをして生きるのか」というお馴染みのフレーズを聞いた途端、ドーリィは「変な歌！」と叫び周囲をざわつかせる。ドーリィは「なんのために生きるかなんて決まってる」、「自分が楽しむためだ」と言い放つ。周囲にいたカバオらは「それは違う！」と反論するが、「なにが違うの？」と問われても答えることはできない。

当たり前だ。生きる目的や使命など簡単にわかるものではない。それにもかかわらず、ドーリィの理念は口にした途端に批判される。なぜか。それは自己犠牲を信条とする《アンパンマン的正義》と相容れないからである。つまり本作では学校という場所が、彼らの信じる《正義》に反する者を糾弾し得る場所として描かれるのだ。こうなってくると『マーチ』が彼らの英雄称賛歌に聞こえないでもない。

流石にそこまではいわないが、こうした描写の積み重ねにより浮かび上がるのは、アンパンマンマンと彼を中心とした《世界》のもつ、時に排他的な側面である。それと同時に、「なんのために生まれて　なにをして生きるのか」を問う人形ドーリィを通じて、本作がアンパンマンを中心とするこの《世界》それ自体の再検討を試みていることが明らかになってくる。

アンパンマン批評としてのアンパンマン

そして極めつけは、ドーリィの髪型と服装が変化し、人間になった彼女がコミュニティにすっかり受け入れられた様子を描くエンドロールである。もちろんこれは、自分本位に生きてきたドーリィの変化を通じて、自己犠牲を払って人に奉仕する心を忘れてはいけない、という教訓的なメッセージを描いたものであろう。

しかしここで本作が『ピノッキオの冒険』のプロットを踏襲している点に注目したい。ジャーナリストでもあったコッローディは、数十年後にファシスト党が目指す、自己犠牲を是とする全体主義国家を予見していた。そして国民の画一化を図る《教育》のありようを批判し、小説を通じて子どもたちや国の行く末を案じていたことは既に確認した通りである。

それを考慮すれば、アンパンマン的正義への批評性を宿していた本作の結末は『ピノッキオの冒険』同様、単なるハッピーエンドとはみなせない。むしろ本作は、ドーリィという人形だけが《世界》に違和感を覚えそれを表明するも、最後にはやむなく大勢に取り込まれてしまうという、ホラー的結末を迎えていると考えられる。髪型と衣装の変貌と、命を賭した自己犠牲↓（やや不自然にもみえる程の）コミュニティからの《承認》というプロセスはそれを象徴するものだ。すなわち本作は、『ピノッキオの冒険』の今日的アップデートとして『アンパンマン』に潜在する全体主義的恐怖を描いた、傑作ホラーに他ならないのである。

その上で思い出さねばならないのは、元々『アンパンマン』は六九年に既存のヒーローものへの批評性を宿した作品であったという点だ。やなせは、たくましい肉体や超能力ではなく、空腹の人を助けるという素朴なあり方こそがヒーローには不可欠であると考えた。その結果、顔がアンパンで出来た「間抜けな」ヒーローを生み出したのである。それ故にアンパンマンの飛行は頼りなく、それだからこそ人々に対しそっと寄り添うことが可能なヒーローたり得ていた。

しかし、『アンパンマン』が国民的人気作品となり得た今日における彼を巡る状況はどうだろうか。毎週のテレビ放送に加え、映画館では子どもが映画デビューを飾るための作品としての地位を確立し、全日本私立幼稚園連合会や日本保育協会からも推薦を受ける。幼稚園バスや遊具、建物にアンパンマンがあしらわれていることもまったく珍しくない。もちろん顔がアンパンで出来ていて、濡れると弱ってしまうという設定は、従来のギャグめいた弱々しいヒーローとしてのありようを想起させるものである。だがそうした弱さをやや過剰に覆い隠すように、大人にとって、子どもに見せることへの抵抗が極めて少ない《ヒーロー》としての位置づけを確保したとはいえないだろうか。

そうであるとすれば今日アンパンマンもまた、既存のヒーローを代表する存在となったといって差し支えないはずだ。すると『ドーリィ』において何が試みられていたかも見えやすくなる。それは、改めてヒーローやその《世界》を批評し、そこに潜在し得る暴力性までをも描いてみせているということではないか。つまりここまで述べてきた要素は、『アンパンマン』がもともと有していたヒーロー批評的性質について、人形ドーリィを通じその作品世界を巧みに利用して再提示するものであったと結論付けられるのである。

アンパンマンに学ぶこと

それにしても、二〇一四年の秋に初めて『ドーリィ』を扱った際の学生たちの反応はすごかった。講義終了後、学生たちが教壇の周りにやって来てアンパンマンについて議論を交わしたのを今でも思い出す。

ロールパンナがいかに最高の存在かを熱弁する者もいたし、ふたりでやって来て「初期と現行アンパンマンが異なるのだとすればいつ変わったのか」、「顔の交換を繰り返したことで徐々に変容していったのかもしれない」、「いや彼の本体は胴の部分でしょ」、「え、じゃあ胴体の素材はなんだろう」、「うーん」、「ちょっと絵に描いて考えよう」と、ホワイトボードで図解を始める者もいた。(2)

また根っからのアンパンマンファンで、「『ドーリィ』はそんな作品じゃありません、期末レポートで証明します」といって、後日かなりの力作を提出した者もいた。あらゆる作品に様々な解釈や反応、評価があってしかるべきなわけだが、『ドーリィ』が思わず議論をしたくなるような特別な作品なのだと改めて確信できた出来事だった。

こうした議論が大切なのは『ドーリィ』の主題のひとつが《教育》の功罪であることと深く関係があろう。大学講義の場で、わたしの解釈をもって受講者のアンパンマン観を一方向に先導してしまえば、そこにもまた全体主義的恐怖の萌芽があることになる。よって学生たちには、それぞれのアプローチでアンパンマンに対し色々と思考を巡らせてはどうかと提案するようにしている。

しかし自分でカリキュラムを組んで能動的に学び、やがてより広い場所に羽ばたいていく大学生たちと取り組むにあたり、これほど適した作品が他にあるだろうか（しかも見事に今日のわれわれを取り巻く状況とシンクロしている）。彼らはそこで、《子ども向け》としか思われてこなかったような作品や人形に出会い、この《世界》を見つめ直す機会はいつどこにでも偏在するという、当たり前だがつい忘れがちな事実と対峙するのである。

これは冒頭に紹介した『ねほりんぱほりん』にも通底する性質であろう。ブタとモグラの人形の見た目はとてもキャッチーで親しみやすい。そうであるからこそ、その見た目の内奥に隠れたグロテスクさに思わず触れた時、得難い衝撃に触れられるのである。

そしてその中心には人形がある。見た目のかわいらしさだけ、またはその怪しげな来歴や雰囲気にのみ心を奪われるのではいけない。人形とは愛らしくも恐ろしい、人間による操作や固定的な意味付けをその都度拒むような、生々流転の存在である。故にどんなにばかげて見える作品や事象であろうと注視し、耳を澄ませ、慎重に吟味する必要がある。

本書冒頭でも述べたが、それはきっと人形を介してわれわれ自身と、改めて向き合うことにもなるはずだ。本書に展開された議論でそれがわずかでも叶っていれば、幸いである。

【註】

1　「ピノキオ問題」とは、ピノッキオを大木で縛り首にしたキツネとネコが身体障害者であることを理由に、本作が障害者差別を助長しかねないものだという読者からの抗議から発展し、『ピノッキオの冒険』の邦訳版出版の際に巻き起こった騒動のことで、実際に小学館は出版物の回収を余儀なくされた。

2　大のロールパンナ好きとして、わたしからもひとこと。ロールパンナの活躍する映画で読者の皆さんにも是非すすめたいのは、『それいけ！アンパンマン　ゆうれい船をやっつけろ!!』(九五)、『それいけ！アンパンマン　虹のピラミッド』(九七)、『それいけ！アンパンマン　ロールとローラ　うきぐも城のひみつ』(〇二)などだ。心してみるように！

おわりに

かつてバーコード・バトラーというゲーム機があった。一九九一年に初代、九二年に二代目がエポック社から発売され、テレビCMも頻繁に放送されていたので覚えている方もいるだろう。このゲーム最大の特徴は、本体下部の読み取り口に様々な商品のバーコードを読み取らせると、それが数値化された戦士やアイテムにかわり、更にその戦士同士を合体させることも可能という点だ。単独で強いバーコード同士を組み合わせれば強い戦士が生まれるというわけでもなく、意外な組み合わせが最強キャラクターを生む可能性を秘めた仕様だったこともあり、店頭のバーコードのみが切り取られる事件が起きるなど社会現象にもなった。

わたしはこのゲームを持っていなかったにもかかわらず、バーコードを集め、友人の家で戦士づくりに夢中になった。結局一年もたたないうちに、改造バーコードを用いた最強戦士作成法が出回り、わたしの周囲でのブームはあえなく終息した。だがこのゲームによって、少なくともわたしの主観において、スーパーマーケットや自宅のあらゆるモノが《戦士》と化した。「人間あるところに人形あり、人形あるところに人間あり」という本書や講義の前提となった観点は、まさにこうした経験が原風景となって生まれたのかもしれない。いつか講義の準備をしていた時に、そんなことをふと思った。

このゲーム以外にも、講義や本書が生まれるにあたり重要な作品や作家、事象はいくらでも思い当たる。それを列挙するのも悪くない。しかしながら、これらと同様か、時にそれ以上の刺激となったのは、紛れもなく講義を受講した学生たちとの対話であったということは書き留めておきたい。年に七百人ほどの受講者がいて二〇一七年度で四年目を迎えたので、のべ三千人弱の学生からの講義に対するリアクションがあったことになるが、それがなければ本書も生まれ得なかったに違いない。極言すれば、彼らからのリアクションやコメントシートを読むためにわたしは毎週、教壇に立っていたといってもいい。全ての受講者にこの場を借りて感謝したい。

ほかにも沢山の方にお礼を言わなければならない。まずわたしの研究を今日まで導いてくださっている、早稲田大学文学学術院教授／演劇博物館館長の岡室美奈子先生には感謝し尽くしてもしきれない。今思えば早稲田大学に入学して初めて受講したのが岡室先生ご担当の演習科目であった。(ちなみに作品研究を行なうその演習で最初に取り上げたのは、松尾スズキの『ファンキー！』)。わたしが演劇に出会い、作品研究の奥深さを知り、遂には研究者を志したのも全て先生との出会いがきっかけである。あれから十五年以上経ったが、岡室先生のように軽やかかつ真摯に研究と教育を両立するには到底至っていない。まだまだ至らぬ弟子である。今後ともご指導ご鞭撻のほどお願いしたい。

また、本書は茉莉花社代表の塩澤幸登さんと気鋭の若手編集者でわたしの講義のうわさを聞き駆けつけてくださった遠山祐基さんがいなければ生まれなかった。特に遠山さんには内容のチェックばかりか、対談のテープ起こしもご担当いただき、誠実な仕事ぶりで出版まで導いてくださった。感謝申し上げる。

最後に家族にも感謝を。両親や祖父母たちの支えがなければ今日のわたしはない。決して孝行息子／孫ではないがいつも見守ってくれてありがとう。惜しむらくは、わたしが研究者としての道を歩むことを気にかけ、絶えず応援してくれたふたりの祖父から本書の感想を聞けなかったことだろう。一六年の大みそかに倒れ、一七年一月に亡くなった農学の研究者であった祖父は、病院のベッドで力を振り絞ってわたしに「研究と論文をがんばるように」と声をかけてくれた。まだ道半ばであるが、偉大な祖父たちに本書はささげたい。

書かれた時期は別々でそれぞれの章は独立していると「はじめに」で書いたが、通読してみると、《人形と人間のあいだの再検討》がひとつの主題であることはどうやら間違いなさそうだ。人形は人間が自由に操れたり支配できたりするものではなく、それ故に《共犯関係》や《緊張関係》や《愛》のようなものがそこには芽生え、そうした間柄はふとしたきっかけでホラーにも転じ、いつの間にかわれわれの《世界》までもが揺さぶられてしまう。そんなことを、様々な作品や文化事象における人形及びそれに付きまとう人間たちについて考えることで模索してみたつもりである。

そのようにして紙幅の許す限り様々な対象を本書では扱ってきたつもりだが、無論、人形文化は広範に渡っており深遠なものだ。戦前から戦後にかけての日本の人形劇や人形劇映画、テレビ人形劇、球体関節人形、アンティーク・ドール、絵画や写真における人形、伝統的なひな人形や土偶、人形供養文化、彫刻、ロボット、フィギュアなど扱いきれなかった対象はいくらでも思い当たる。今後も人形文化に関する研究教育活動を続けていくつもりだが、いかんせんわたしだけでは力不足である。今後様々な論者が現われ、ますます人形文化を巡る議論が活性化していくことを望む。そうしたきっかけのひとつに、本書がなるようなことがあればそれに勝る喜びはない。(と、のんきなことを書いている間に、認識論研究者の金森修先生による遺作『人形論』が二〇一八年の五月に出版された。本書の編集時期の関連で言及は出来なかったが、自らの浅学さを承知の上でいろいろと議論させていただきたかった)。

最近では、大学以外の場で人形の話をする機会にも恵まれるようになった。イベントやテレビ、雑誌や新聞等、それを受けとる人たちの顔を想像したり、実際に対面しながら適切な話をするのは容易なことではないが、どれも非常に興味深い経験だ。今のところ自らの至らなさに気づく機会となることの方が多いが、成果の発信方法を絶えず模索し続けるのは研究者の宿命でもある。求められればどこにでもフットワーク軽く出向くつもりなので、ぜひともお気軽にお声がけいただければ幸いである。

人形をメディアとした新たな出会いに期待して。

二〇一八年夏

菊地浩平

初出一覧

※なお、元の原稿があるものは全て大幅な加筆修正を施した。一部の記述のみが採用され原型が残っていないものも少なくないので、あくまでも参考程度に。

第一章　講義ノートより書下ろし。

第二章「人工補綴具をつけた神―サミュエル・フットの人形劇に見る人間／人形の境界―」『演劇映像２０１０』、早稲田大学演劇博物館グローバル COE、2011、pp. 43-60。

第三章「日本人形表象文化と、着ぐるみ／ギニョールとしてのゴジラ」『表象・メディア研究７号、早稲田 表象・メディア論学会、2017、pp. 31-52。

第四章「矛盾するハムレット―ゴードン・クレイグ演出『ハムレット』と演劇論の相克―」『演劇映像学２０１１』、早稲田大学演劇博物館グローバル COE、2012、pp. 37-55。

第五章　講義ノートより書下ろし。

第六章「リカちゃんはなぜ太らないのか」『人形玩具研究』27号、日本人形玩具学会、pp. 39-50、2017。

第七章　講義ノートより書下ろし。

第八章「最強?‐人形ホラーとしての『アンパンマン』」『WASEDA ONLINE』、2017年2月27日掲載、http://www.yomiuri.co.jp/adv/wol/opinion/culture_170227.html.

引用文献一覧

外国語文献

Altick, Richard Daniel. *The Shows of London.* Cambridge: Belknap Press, 1978.（『ロンドンの見世物Ｉ』浜名恵美他訳、国書刊行会、1989。）

Auburn, Mark S. “Garrick at Drury Lane 1747-1766.” *The Cambridge History of British Theatre.* Vol.2. Ed. Joseph Donohue. Cambridge: Cambridge UP, 2004, pp. 145-164.

Bogorad, Samuel N and Robert Gale Noyes, eds. “Samuel Foote’s Primitive Puppet-Shew Featuring Piety in Pattens: A Critical Edition.” *Theatre Survey.* vol. 14 no. 1, 1973.

Chamberlain, Franc. “Introduction.” *On the Art of the Theatre.* New York: Routledge, 2009, pp. vii-xvi.

Collodi, Carlo. *Le avventure di Pinocchio.* 1883.

Connor, Steven. *Dumbstruck: A Cultural History of Ventriloquism.* Oxford: Oxford UP, 2000.

Courcoult, Jean-Luc. *Royal de Luxe 1993-2001.* Actes Sud, 2001.

Craig, Edward Gordon. *Mtt Theatres.* N.d, Paris.

---. *On the Art of the Theatre.* London: Routledge, 2009.

---. *The Mask,* 15vols. Florence, 1908-29.

---. *Uber-Marions.* 1905-6, Paris.

Craig, Edward. *GORDON CRAIG: A STORY OF HIS LIFE.* New York: Alfred A Knopf, 1968.（『ゴードン・クレイグ 20世紀演劇の冒険者』佐藤正紀訳、平凡社、1996。）

Dubin Steven. “WHO'S THAT GIRL?” *The World of Barbie Deconstructed.* New York: Touch Stone, 1999, pp. 19-40.（「フーズ・ザット・ガール？―解体されたバービーの世界」『バービー・クロニクル』野中邦子訳、早川書房、2000、pp. 13-42。）

Eynat-Confino, Irène. *Beyond the Mask.* Carbondale: Southern Illinois UP, 1987.

Fitzgerald, Percy. *Samuel Foote, A Biography.* London, 1910.

Foote, Samuel. *The Plays of Samuel Foote.* New York: Garland Pub, 1983.

---. *A Treatise on the Passions, so far as They Regard the Stage: with a Critical Enquiry into the Theatrical Merit of Mr. G--k, Mr. Q--n, and Mr. B—y.* London, 1747a.

---. *The Roman and English Comedy Considered and Compared.* London, 1747b.

Garrick, David. *An Essay on Acting.* London, 1744.

Goldberg, RoseLee. *Performance: Live Art, 1909 to the Present.* London: Thames and Hudson, 1979.（『パフォーマンス：未来派から現在まで』中原佑介訳、リブロポート、1982。）

Haraway, Donna. *Simians, Cyborgs, and Women.* London: Free Association Books, 1998.（『猿と女とサイボーグ』高橋さきの訳、青土社、2000。）

Harryhausen, Ray. *Ray Harryhausen: An Animated Life.* New York: Billboard Books, 2004.（『レ

イ・ハリーハウゼン大全』矢口誠訳、河出書房新社、2009。）
Hatton, Timothy J. "How Have Europeans Grown so Tall? VOX Research-based Policy Analysis and Commentary from Leading Economists." *The Centre for Economic Policy Research,* 5 August 2011. https://voxeu.org/article/reaching-new-heights-how-have-europeans-grown-so-tall. 2014年9月21日閲覧。
Innes, Christopher. *Edward Gordon Craig.* New York: Cambridge UP, 1983.
---. "Modernism in Drama." *The Cambridge Companion to Modernism.* Ed. Michael Levenson. New York: Cambridge UP, 1999, pp. 128-154.
Jones, Susan. *Literature, Modernism, and Dance.* Oxford: Oxford UP, 2013
Jurkowski, Henryk. *A History of European Puppetry from its Origins to the End of the 19th Century.* Lewiston: Edwin Mellen P, 1996.
---. *Aspects of Puppet Theatre.* London: the Puppet Centre Trust, 1988.（『知的冒険としての人形劇』加藤暁子訳、新樹社、1990。）
Kirby, Michael. *Futurist Performance.* New York: Dutton, 1971.
Leacroft, Richard. *The Development of the English Play House.* London: Methuen, 1988.
Le Bouef, Patrick. "On the Nature of Edward Gordon Craig's Über-Marionette." *New Theatre Quarterly.* vol. 26, 2010, pp. 102-114.

Lucas, Ann Lawson. "Puppets on a String -The Unnatural History of Human Reproduction". *Pinocchio, Puppets, and Modernity: The Mechanical Body.* New York and London: Routledge, 2011.

MacLuhan, Marshall. *Understanding Media: The Extensions of Man*. London: Routledge & Kegan Paul, 1964.（『メディア論─人間の拡張の諸相』栗原裕他訳、みすず書房、1987。）

Miller, Arthur. *Jane's Blanket.* New York: Dover Publications, 2015.（『ジェインのもうふ』厨川圭子訳、偕成社、1971。）

Milne, Alan Alexander. *The House at Pooh Corner.* London: Puffin Books, 1992.（『クマのプーさんプー横丁にたった家』石井桃子訳、岩波書店、1962。）

Newman, L. M. "Introduction." *Edward Gordon Craig Black Figures 105 Reproductions with an Unpublished Essay.* Ed. L.M.Newman. Wellingborough: Christopher Skelton, 1989, pp. 17-28.

Nixon, Mark. *Much Loved.* Harry N. Abrams, New York, 2013.（『愛されすぎたぬいぐるみたち』金井真弓訳、オークラ出版、2017。）

Ott, Katherine. *Artificial Parts, Practical Lives: Modern Histories of Prosthetics.* New York: New York UP, 2002.

Paska, Roman. "The Inanimate Incarnate." *Fragments for a History of the Human Body.* Cam-

bridge: MIT P, 1989, pp. 408-414.
Perry, Heather R. “Re-Arming the Disabled Veteran.” *Artificial Parts, Practical Lives: Modern Histories of Prosthetics.* Ed. Katherine Ott. New York and London: New York UP, 2002, pp. 75-101.
Porter, Roy. *Bodies Politic, Disease, Death and Doctors in Britain, 1650-1900.* London: Reaktion Books, 2001.（『身体と政治 イギリスにおける病気・死・医者 1650-1900』目羅公和訳、法政大学出版局、2008。）
Segel, Harold B. *Pinocchio's Progeny: Puppets, Marionettes, Automatons, and Robots in Modernist and Avant-Gorde Drama.* London: Johns Hopkins UP, 1995.
Simonson, Lee. *The Stage is Set.* New York: Brace and Company, 1932.
Speaight, George. *The History of the English Puppet Theatre.* New York: John de Graff, 1955.
Stafford, Barbara Maria. *BODY CRITICISM Imaging the Unseen in Enlightenment Art and Medicine.* Cambridge: MIT P, 1991.（『ボディ・クリティシズム』高山宏訳、国書刊行会、2006。）
Stallybrass, Peter and Allon White. *The Politics and Poetics of Transgression.* London: Methuen, 1986.（『境界侵犯―その詩学と政治学―』本橋哲也訳、ありな書房、1995。）
Talbot, Margaret. “Pixel Perfect: The Scientist behind the Digital Cloning of Actors.” *The New*

Yorker. 28 Apr. 2014. http://www. newyorker.com/magazine/2014/04/28/ pixel-perfect-2. 2017年9月10日閲覧。
Tillis, Steve. *Toward an Aesthetics of the Puppet: Puppetry as a Theatrical Art.* New York: Greenwood P, 1992.
Tinwell, Angela. *The Uncanny Valley in Games and Animation.* London: CRC Press, 2014.
Tisdall, Caroline, and Angelo Bozzolla. *Futurism.* New York: Oxford UP, 1977.（『未来派』松田嘉子訳、パルコ出版、1992。）
Vox, Valentine. *I Can See Your Lips Moving: The History and Art of Ventriloquism.* London: Players P, 1993.（『唇が動くのがわかるよ』清水重夫訳、アイシーメディックス、2002。）
Winnicott, Donald. *Playing and Reality.* London: Routledge, 2005.（ウィニコット、ドナルド『遊ぶことと現実』橋本雅雄訳、岩崎学術出版社、1979。）

邦語文献

赤坂憲雄『境界の発生』講談社、2002。

新井素子「ぬいぐるみ学五日間入門」『新井素子１００％』徳間書店、1985、pp. 69-73。

庵野秀明「Interview」『ジ・アート・オブ・ザ・シンゴジラ』カラー、2016、pp. 490-524。

石上三登志「ＳＦ映画の知的な冒険・９―特殊効果の系譜―」『映画評論』25巻4号、新映画、

1968、pp.98-101。

石子順造『戦後マンガ史ノート』紀伊国屋書店、1994。

石田美紀「『中の人』になる〈声もどき《ボーカロイド》〉が可能にしたもの」『ユリイカ』40巻15号、青土社、
2008、pp. 88-94。

稲垣進一、悳俊彦編著『国芳の狂画』東京書籍、1991。

井原成男『移行対象の臨床的展開』岩崎学術出版社、2006。

――.『ぬいぐるみの心理学』日本小児医事出版社、1997。

岩田託子「パンチ&ジュディの文化史」『民衆の文化誌』研究社出版、pp. 97-116、1996。

梅屋潔ほか『民俗学事典』丸善出版、2013。

江戸川乱歩『人でなしの恋』角川ホラー文庫、1995。

エドワーズ、ギャレス「インタビュー」『映画秘宝』20巻7号、洋泉社、2014、p.3。

遠藤薫『廃墟で歌う天使』現代書館、2013。

大塚英志『少女民俗学―世紀末の神話をつむぐ「巫女の末裔」』光文社、1989。

岡田美智男『弱いロボット』医学書院、2012。

岡本万貴子『裸形と着装の人形史』淡交社、2012。

小山内薫「美術座の『ハムレット』」『小山内薫演劇論集3』未来社、1964。

オリー、パスカル「日常の身体」『身体の歴史Ⅲ』市川崇訳、藤原書店、2010、pp. 157-196。

開米栄三「特撮・円谷組の技術者たち③」『日本特撮技術大全』学研プラス、2016、pp. 314-319。

――.「INTERVIEW」友井健人編『初代ゴジラ研究読本』洋泉社、2014、pp. 182-191。

開米栄三、入江義夫「INTERVIEW ③」東宝ゴジラ会『特撮円谷組』洋泉社、2010、pp. 54-65。

加藤暁子『日本の人形劇――１８６７―２００７』法政大学出版局、2007。

加藤典洋『さようなら、ゴジラたち――戦後から遠く離れて』岩波書店、2001。

神野善治『人形道祖神：境界神の原像』白水社、1996。

香山リカ『リカちゃん日記』扶桑社、2002。

カルージュ、ミシェル『独身者機械』新島進訳、東洋書林、2014。

川尻泰司『現代人形劇創造の半世紀 人形劇団プーク５５年の歩み』未来社、1984。

――.『人形劇ノート――その歴史的考察』紀伊国屋書店、1968。

――.「人形劇ノート２」『人形劇人川尻泰司 人と仕事』人形劇団プーク、1996、pp. 99-145。

――.「人形劇二十年――プー吉の創造――」『展望』67巻、筑摩書房、1951、pp. 47-53。

川添裕「細工見世物と生人形の浅草」『人形玩具研究』26巻、日本人形玩具学会、2015、pp. 4-13。

観世寿夫『観世寿夫世阿弥を読む』平凡社、2001。

清田幾生「『負けるが勝ち』の笑いの要素」『長崎大学教育学部紀要』65巻、2002、pp. 39-49。

窪田順生「ＵＳＪ大炎上「呪い人形」事件はどこで間違えたのか？」『Diamond Online』ダイヤモンド社、2016年10月21日、http://diamond.jp/articles/-/105327. 2017年9月20日閲覧。

クレイグ、ゴードン『俳優と超人形』武田清訳、而立書房、2012。

恋月姫、金原ひとみ「〈瞬間の永遠〉を人形と共に生きる」『ユリイカ』37巻5号、2005、pp. 36-48。

小島康宏『リカちゃん生まれます』集英社、2009。

コッローディ、カルロ『ピノッキオの冒険』大岡玲訳、角川文庫、2003。

小松和彦『呪いと日本人』角川ソフィア文庫、2014。

佐々木渉「拡がり続ける初音ミクの世界」『ＳＦマガジン』52巻8号、早川書房、2011、pp. 4-5、pp. 50-55。

阪本一房『大阪人形座の記録』関西児童文化史研究会、1996。

JeNny Golden History 製作委員会編『JeNny Golden History』グラフィック社、2016。

柴田隆子「舞台空間と身体の編成への序説：バウハウスの舞台とオスカー・シュレンマー」『学習院大学人文科学論集』18号、2009、pp. 321-341。

柴田勝『映画と共に 枝正義郎の記録』1978。

澁澤龍彦『幻想の画廊から』河出書房新社、2001。

――.『人形愛序説』第三文明社、1974。

白田秀彰「初音ミクの二つの身体　存在するもの／想像されるもの」『ユリイカ』40巻15号、青土社、2008、pp. 110-113。

スティケール、アンリ＝ジャック「障害のある身体の新しい捉え方」『身体の歴史Ⅱ』和田光昌訳、藤原書店、2010、pp. 327-349。

高槻真樹『戦前日本SF映画創世記：ゴジラは何でできているか』河出書房新社、2014。

高月靖『南極一号伝説―ダッチワイフの戦後史』文藝春秋、2009。

高橋克雄「人形劇映画『セロ弾きのゴーシュ』」『人形劇人川尻泰司 人と仕事』人形劇団プーク、1996、pp.172-173。

高橋透『サイボーグ・エシックス』水声社、2006。

高山貞章「プー吉物語　プークではじめてのギニヨール」『プークニュース』NO.2、1949、p. 2。

竹内博「解説」香山滋『怪獣ゴジラ』大和書房、1983、pp. 198-206。

――.『ゴジラ1954』実業之日本社、1999。

田所菜穂子「やなせたかしとアンパンマン」『やなせたかし大全』フレーベル館、2013、pp. 110-111。

田中友幸『ゴジラ・デイズ』集英社、1998。

種村季弘「人形幻想」『人形（書物の王国7）』国書刊行会、1997、pp. 9-11。

田之倉稔『イタリアのアヴァン・ギャルド　未来派からピランデルロへ』白水社、2001。

檀原照和『ヴードゥー大全』夏目書房、2006。

地引雄一「ヴードゥー・ゾンビとモダン・ゾンビ」『ゾンビ映画大事典』伊藤美和編、洋泉社、2003、pp. 82-88。

筒井康隆『不良少年の映画史』文芸春秋、1985。

円谷英二『定本　円谷英二随筆評論集成』ワイズ出版、2010。

友井健人編『初代ゴジラ研究読本』洋泉社、2014。

中沢新一『アースダイバー』講談社、2005。

中島春雄『怪獣人生　元祖ゴジラ俳優・中島春雄』洋泉社、2010。

夏目房之介「『クレヨンしんちゃん』は正統派だ」『クレヨンしんちゃん映画大全―野原しんのすけザ・ムービー全仕事』双葉社、2002、pp. 126-127。

乃村工藝社『乃村工藝社１２０年史　時空を超えて』乃村工藝社、2012。

橋爪紳也『化物屋敷―遊戯化される恐怖』中央公論社、1994。

長谷川正明「現代人形劇史　１９４５年〜１９６７年、そして」『日本人形劇人』67号、日本人形劇人協会、1999、pp.7-12。

破李拳竜『ザ・スーツアクター――特撮ヒーローを演じた男たち』ソニーマガジンズ、1999。

広瀬正浩『戦後日本の聴覚文化　音楽・物語・身体』青弓社、2013。

福里真一「コミー　シェイプTBC」『コピー年鑑2002』、東京コピーライターズ事務局、2002、p. 279。

藤巻一保『呪いの博物誌─異端邪術の世界』学研、2005。

別冊映画秘宝編集部編『ゴジラとともに 東宝特撮VIPインタビュー集』洋泉社、2016。

ベッリ、ガブリエラ編『「デペロの未来派芸術」展　図録』東京都庭園美術館、アブトインターナショナル、2000。

ペルグラン、ニコル「庶民の身体、身体のありふれた使い方」『身体の歴史I』原好男訳、藤原書店、2010、pp. 133-203。

ベルメール、ハンス『イマージュの解剖学』種村季弘、滝口修造訳、河出書房新社、1975。

細馬宏通『ミッキーはなぜ口笛を吹くのか：アニメーションの表現史』新潮社、2013。

ホフマン『砂男』種村季弘訳、河出文庫、1995。

本多猪四郎『「ゴジラ」とわが映画人生』ワニブックス〔PLUS〕新書、2010。

前之園幸一郎『「ピノッキオ」の人間学─イタリア近代教育史序説』青山学院女子短期大学学芸懇話会、1987。

牧美也子『完全復刻版マキの口笛』小学館、2006。

増淵宗一『永遠のリカちゃん』、みくに出版、1992。

──．『人形と情念』勁草書房、1982。

――.『リカちゃんの少女フシギ学』新潮社、1987。

三橋雄一「1929～1945」川尻泰司編著『現代人形劇創造の半世紀 人形劇団プーク55年の歩み』未来社、1984、pp. 9-60
南隆太「人形劇の政治学」佐々木和貴編『演劇都市はパンドラの匣を開けるか』ありな書房、2002。

村上忠久「大仏廻国」『キネマ旬報』522号、キネマ旬報社、1934、p. 106。

村瀬継蔵「怪獣・メカのデザインと造形―第三講」『日本特撮技術大全』学研プラス、2016、pp. 70-77。

やなせたかし『あんぱんまん』フレーベル館、1976。

――.『怪傑アンパンマン』フレーベル館、2013。

――.『十二の真珠』復刊ドットコム、2012。

――.『それいけ!アンパンマン』フレーベル館、1975。

山口昌男『文化と両義性』岩波書店、2000。

山田徳兵衛『日本人形史』講談社、1984。

四谷シモン『人形作家』講談社現代新書、2002。

――.『四谷シモン 人形愛』美術出版社、1993。

米沢嘉博『戦後少女マンガ史』ちくま文庫、2007。

リラダン、ヴィリエ・ド『未来のイブ』斎藤磯雄訳、東京創元社、1996。

ルサージュ、アラン＝ルネ『悪魔アスモデ』中川信訳、集英社、1979。

ロミ『でぶ大全』高遠弘美訳、作品社、2005。

「ワラ人形に五寸釘、内妻を呪い殺したトビ職」『週刊サンケイ』1969年9月号、pp. 32-33。

【著者紹介】　菊地　浩平（きくち　こうへい）
1983年生まれ。早稲田大学大学院文学研究科博士後期課程単位取得退学後、日本学術振興会特別研究員（ＰＤ）、研究対象は人形文化全般。早稲田大学文化構想学部表象・メディア論系助教を経て、2021年4月より白百合女子大学人間総合学部児童文化学科講師。早稲田大学等でも非常勤講師として教壇に立っている。

人形メディア学講義

2018年9月25日　初版発行
2023年3月25日　4刷発行
著　者　菊地浩平
発行者　堀内明美
発　行　有限会社　茉莉花社（まつりかしゃ）
〒173-0037　東京都板橋区小茂根3-6-18-101
電話　03-3974-5408
発　売　株式会社　河出書房新社
〒151-0051　東京都渋谷区千駄ヶ谷2-32-2
電話　03-3404-1201（営業）
https://www.kawade.co.jp/
印刷・製本　（株）シナノパブリッシングプレス

定価はカバー・帯に表示してあります。
落丁本・乱丁本はお取り替えいたします。
ISBN978-4-309-92153-2